智元微库
OPEN MIND

成长也是一种美好

刷新管理

Refresh
Management

数字化企业
快速成长

许林芳 ／ 著

人民邮电出版社
北京

图书在版编目（CIP）数据

刷新管理 ：数字化企业快速成长 / 许林芳著. --
北京 ：人民邮电出版社，2022.8（2023.9重印）
　　ISBN 978-7-115-59347-4

　　Ⅰ．①刷… Ⅱ．①许… Ⅲ.①数字技术－应用－企业
管理－研究 Ⅳ．①F272.7

中国版本图书馆CIP数据核字(2022)第087008号

◆　　著　　许林芳
　　责任编辑　刘艳静
　　责任印制　周昇亮

◆人民邮电出版社出版发行　　北京市丰台区成寿寺路 11 号
　　邮编 100164　　电子邮件 315@ptpress.com.cn
　　网址 https://www.ptpress.com.cn
　　河北京平诚乾印刷有限公司印刷

◆ 开本：720×960　1/16

　　印张：13　　　　　　　　　　　2022 年 8 月第 1 版
　　字数：240 千字　　　　　　　　2023 年 9 月河北第 8 次印刷

定　价：69.80 元
读者服务热线：（010）81055522　印装质量热线：（010）81055316
反盗版热线：（010）81055315
广告经营许可证：京东市监广登字 20170147 号

前　言

　　我是在阿里巴巴集团（以下简称"阿里巴巴"）工作过10年的阿里"老兵"。前5年，我负责带领业务条线，逐步从一线销售做到团队主管，最终成为大区总经理，负责带领300多人规模的团队。在此期间，我还培养了许多管理干部和专业人才，直到现在我们还保持联系。虽然我对有的人已经没有印象了，但是他们仍然对我当时给他们做的培训印象深刻。随后5年中，在公司的安排和支持下，我转岗担任人力资源管理专家（HRMP），直属于阿里巴巴人力资源管理体系中的人力资源副总裁（HRVP），从组织培养和企业文化传承的角度负责组织管理、团队建设和人才培养工作。可以说，我是人力资源管理中最懂业务条线工作的，又是业务条线中最懂人力资源工作的。阿里巴巴把这种人才培养方式叫作"雌雄同体"："雌"是指人才、团队和企业文化；"雄"是指注重业务、生产和结果。

　　离开阿里巴巴之后，我为近百家成长型企业做过企业内训和企业咨询，最近的一个咨询项目是作为农夫山泉的组织顾问帮助企业做文化落地，负责人才培养体系的顶层设计。

　　在为企业做咨询服务的过程中，我发现许多企业都有这样的痛点：业务变化快；年轻团队个性张扬；企业盈利能力强但团队稳定性差；面对新市场、新业务、新员工，原来的管理方式似乎不灵验了。正是基于这样的思考，我将自己在阿里巴巴的工作经验和近年来的咨询服务实践进行了梳理，写成了这本书。

我们所处的时代正发生着翻天覆地的变化，一切都变得不同于 10 年前。当下的数字化时代对企业管理者在胜任力和敏捷性方面提出了更高的要求。首先，我们来观察一下企业成长的四个阶段。

企业成长的 4 个阶段

企业的成长一般会经历 4 个阶段，分别是个人阶段、团队阶段、系统阶段和平台阶段。每个阶段的核心特点可以总结为"赚小钱靠个人，赚大钱靠团队，持续赚钱靠系统，躺着赚钱靠平台"。确定企业所处的阶段，有助于企业制定适当的组织战略，找到对应的组织结构、建设所需特质的团队。那么，你的企业处在哪个阶段?

个人阶段

这一阶段可以形象地比喻为划小船。中国大部分创业企业的显著特点是从夫妻店开始，即一艘小船上撑船的人是丈夫，乌篷下面可能还坐着妻子。许多创业者是从单打独斗开始的，这时处于赚小钱的阶段。持续成长是大多数企业的追求，特别是对创业型企业而言，如果想把小生意做大，发展成一个规模大点的团队，就要进入下一个阶段。

团队阶段

　　这一阶段可以形象地比喻为赛龙舟。是什么力量促使龙舟奋勇前行呢？我们知道，龙舟上有一个打鼓的人，扮演总指挥的角色，其他人也有各自的分工，比如喊口号、撑船。该阶段的一般特点是"人治"，此时团队有了基本的分工。因为人数少，所以也没有太多的制度或机制。现代企业管理的制度和实践证明，企业成长并不是自然而然发生的结果，往往需要制订计划、组织设计并实施控制。本书会讲到如何"管人"，如何让员工有自己的目标，如何更好地让员工实现自我驱动。

系统阶段

　　这一阶段可以形象地比喻为开轮船。轮船出海不再靠人力驱动，而是靠系统驱动。这个阶段的特点是"法治"，人员大量增加，企业运作需要一些机制，如绩效考核、职级体系、晋升渠道等。很多企业从几十人发展到上百人的阶段就会出现管理问题，主要原因在于老板不懂如何建立企业管理体系。除了"法治"，处于这个阶段的企业还要有"德治"，而"德治"的本质是强化企业文化在企业治理中的隐性作用，即能够在这艘轮船上工作的人都是朝着共同的理想和愿景奋斗的。在这个阶段，企业需要把老板或创始人的人格魅力升级为企业文化。如果你是一家企业的创始人，请尝试思考以下问题：如果想做一件伟大的事情（即企业愿景），我需要一群具备何种特质的人？比如，需要有团队合作的精神、善良诚信的品质。本书中讲述的组织管理方法适用于处于赛龙舟阶段的企业，处于该阶段的企业想要进阶到开轮船阶段需要提前学习这些管理知识。

平台阶段

这一阶段可以形象地比喻为掌控航空母舰。航空母舰是平台，可以停飞机、载坦克。作为平台，企业不再只是需要"法治"和"德治"，还需要"整治"。"整治"是指企业需要整合上下游，整合周围生态的合作伙伴，成就一番更大的事业，如今的阿里巴巴、小米、华为、字节跳动和腾讯，都属于航空母舰式平台。

企业要想获得持续成长，不可避免地需要经历以上四个阶段。在这四个阶段中，从一个人做事情到一个团队做事情，再到需要依赖系统进行科学的管理，其背后的持续成长是以组织能力与企业管理需要的相互匹配为前提的，否则无法成为平台型企业。本书旨在解决企业搭建一套系统以及实现企业整治的问题。

现在的企业要想实现持续发展，数字化是企业转型的必经之路。企业数字化的本质还是企业组织转型[①]。数字化转型就是要让企业不再只是一个纯粹的传统企业。企业今天不进行数字化转型，明天一定会被淘汰，因为未来没有互联网企业或传统企业之分，能幸存的企业，都必须融入互联网，也就是说，未来的企业是互联网与传统的结合，我们称之为产业互联网型企业。

数字化促使管理者"刷新管理"

数字化组织需要什么样的领导力？要想回答这个问题，我们首先有必要了解数字化时代下企业的痛点及需求。

---

① 杨国安 . 数智革新：中国企业的转型升级 [M]. 北京：中信出版集团，2021.

数字化时代的企业转型与组织升级到底会遇到哪些痛点？现在很多企业有咨询或者企业内训的需求，通过观察这些企业，我发现它们一般正在经历和面临如下问题：业务发展得很快，但是组织能力跟不上；管理者用的是旧的管理思维，已经无法满足新的管理需求；团队都很年轻，创新能力很强，但是稳定性差、人员流动性大，企业如何在完成业务的同时稳定人心？怎么样让团队源源不断地涌现创新？

企业需要管理者"上得厅堂，下得厨房，顶天立地"。数字化组织多为扁平化组织，要求一人身兼数职。数字化组织分工很明确，没有众多层级，所以要求管理者既懂战略落地又懂战略执行，既懂带团队又懂企业文化传承。在数字化时代，管理者的重要任务是帮助企业培养数字化管理人才，管理者面临的重要挑战是管理跨越三个时代的新生代员工和用户群体。如今有一些"95后""00后"出现"躺平""佛系"的心态，传统的管理方式似乎已经不适用于新生代员工。

数字化时代对管理者提出了一个新的要求——刷新管理。微软公司的首席执行官（chief executive officer，CEO）萨提亚·纳德拉（Satya Nadella）在《刷新：重新发现商业与未来》一书中提到，数字化时代需要刷新管理。[①]长期以来，他以身作则，不断学习。与其说他的办公室是个办公室，不如说是个书房。他曾给全体员工发过一封邮件，他在邮件中写道："我买过很多的书，虽然不一定能看完；我注册了很多在线课程，虽然我不一定能学完；但我坚信，如果停止学习新东西，你将停止创造有价值的事物。"

---

① 萨提亚·纳德拉.刷新：重新发现商业与未来 [M].陈召强，杨洋，译.北京：中信出版社，2018.

全球 500 强企业都在不断地刷新管理，作为中小型企业的我们有什么理由不学习呢？如果不持续学习，就是在拒绝自身企业发展，拒绝融入数字化时代。

传统组织与数字化组织的区别

中国乃至世界的经济发展正在进入数字化时代，越来越多的企业在进行数字化转型。数字化时代的组织形态到底是什么样的？与传统组织到底有何区别？让我们来看一下数字化组织与传统组织有哪些关键不同。

"机械、集权、可控" VS "灵活、分权、分散"

传统组织的系统特点是机械、集权、可控。权力基本上都集中在老板一个人手中，虽然表面上看起来企业设置了副总、总监等职位，但只有一个人有决策权，那就是老板。与此相反，数字化组织的特点是分权、灵活、分散。各级管理人员，即使是普通员工，都有很大的决策权。华为的管理哲学强调"让听得见炮声的人呼唤炮火"，这其实就是让一线的业务人员参与决策。在本书中，我在分享组织结构设计时会特别强调这一点，从组织结构设计上就能看到应该如何分权，如何让一线团队参与决策。

"分工" VS "协同"

从效率来源的角度看，传统组织的效率来自分工，但是数字化组织的效率来自协同。关于如何实现协同，我在后文中也会展开阐述。

"控制、命令" VS "激发、鼓励"

传统组织关注控制、命令，老板和创始人很有权威，基本上是"老板说一，员工就不敢说二"。员工只要遵照执行即可，不需要深入理解企业战略。在数字化组织中，企业管理者需要考虑的是如何激励员工、赋能员工，让员工主动创造和创新，激励他们成为最好的自己。数字化组织就是从组织驱动、老板驱动转变为对员工的个体驱动。这部分内容将在本书中的组织激励和目标管理章节具体展开。

"自上而下" VS "上下同欲"

传统组织的管理模式经常是自上而下管理，而在数字化组织的管理模式中通常是上下同欲。数字化组织的很多创新来自一线员工，在灵活的小团队中，成员贡献了大量的创意，这些创新不同于来自老板拍板、下属执行的模式。

"确定性" VS "创造性"

传统组织的特点是追求确定性，要求目标可预见、可控，比如今年业绩增长的目标是 600 万元，那么要分解目标，确定具体占领哪几个市场。数字化组织要求全体员工富有创造性，拥抱不确定性，在不确定性中随时调整战术、做法和计划，以一种开放的心态拥抱这种不确定性和变化。员工要时刻学习，以一种成长性思维而非依赖于过去的经验去思考，通过不断学习刷新认知，与时俱进。因为曾经越成功，突破自我的阻力就越大，曾经的成功经验就越有可能成为今天再次成功的最大障碍。

未来的领导

为了更好地服务于数字化组织的管理，培养属于未来快速成长型企业的领导者，本书通过 7 章的内容教授刷新管理的具体方法。第 1 章介绍数字化时代管理者的数字化领导力，着重分析了数字化时代管理人才所需要的基本素养：思维转型、关键认知和角色定位。第 2 ~ 7 章是本书的核心内容，这部分重点讲述了数字化时代管理者应具备的 6 种能力：懂战略、搭班子、树文化、带团队、真激励和拿结果。

懂战略

古人讲究"天时"，应用在商业场景中就是"势"，即判断商业的发展趋势。第 2 章重点讲述了如何制定企业战略，世界 500 强企业是如何制定战略的，然后阐述怎样绘制战略地图，以及如何将战略落地。

搭班子

第 3 章主要介绍了搭班子和组织结构设计的方法，未来的组织设计趋势，以及敏捷化、扁平化组织结构设计方法等。在这一章，作者会分析阿里巴巴、华为、字节跳动、小米、韩都衣舍的组织结构，这些案例都值得广大管理者借鉴和参考。

树文化

企业文化就是帮助企业把一群人的思想凝聚在一起，实现高度的统一，然后做有意义的事情，并能通过企业文化和使命愿景吸引优秀人才。第 4 章主要回答了以下 3 个问题：企业价值观构建有哪些层次？企业文化落地的 3 个层次是什么？企业文化落地有哪些抓手？

带团队

第 5 章重点阐述了以下 4 个问题：团队应该怎么带，怎样设置职级体系让员工不断晋升？应该设置什么样的培养体系让员工获得职场进阶能力，帮助企业批量生产人才？团建活动是不是吃喝玩乐？怎样组织团建活动才能调动员工的积极情感，才能增强员工与企业的情感联结？

真激励

如何激励员工才能让他们自发自愿地多贡献、多创新？第 6 章从 3 个维度的激励出发，告诉你应该怎么做。本章分析了很多成功企业的激励案例，值得大家参考学习。

拿结果

拿结果绝对不是对目标进行简单的分解，这样做就会错得离谱。第 7 章主要回答了以下 6 个问题：怎样做目标分解？如何设置三级目标？目标制定应该符合哪些原则？怎样把企业的目标变成员工想要的目标？拿到结果后，无论是胜仗还是败仗都要复盘，团队复盘应该怎样做？怎样通过个人复盘让员工快速成长？

你可以试着问自己：我是否擅长发现新的商业机会？我是否懂得如何招揽关键人才？我是否懂得为团队创造平台支持？如果感到有所迟疑，请阅读此书，本书将为你提供一些思路。

本书特色

战略、文化与组织能力是企业组织管理的黄金三角，本书以此为逻辑出发点，为企业搭建管理体系提供可操练的方法和工具。我想，只要对组织管理有一些了解的读者朋友都会发现，这本书的写法和市面上常见的写阿里巴巴人才管理类图书或是面向学生群体的组织管理类教材有很明显的区别。

本书具有如下特色。

首先，本书以组织理论的战略、企业文化、组织能力三个模块为基础架构，按照组织发展的主要脉络，结合阿里巴巴的"九板斧"组织管理实践，运用"理论＋方法＋案例"的写法来讲述，这就使得每章的展开衔接自然、内容丰富，每一个方法论的引出也更加自然，将组织管理的核心内容娓娓道来。

其次，本书对组织战略、组织设计和组织激励的内容特别契合了数字化组织的管理特点，对企业数字化转型具有积极的参考意义，适合大部分管理者。无论你是从事人力资源管理、企业运营、市场销售还是产品研发工作，都会从本书中获得启发，成为更好的自己，成为更好的管理者。

最后，本书引用了组织管理体系中的一些经典理论和方法，在书中也有相应的说明，在此向前辈学者、专家们一并表示衷心的感谢。只有实现组织进化和领导力升维，企业才能在竞争中敏捷发展，保持持续领先的地位。

　　在阅读本书的过程中，希望你不仅能重温以前的知识点，而且会有一个新的认识，更能融会贯通。大家也可以关注我的视频号（许林芳说管理）了解更多内容。

　　我很高兴你决定开始学习之旅，相信你会不虚此行！

许林芳

目　录

1　刷新认知：
数字化领导力

数字化时代的领导力思维　_003

中层管理者的四维角色　_006

管理者常犯的 5 种错误　_009

数字化时代管理者的定位　_014

2　懂战略：
共创组织战略

制定战略：选择 3 个"圈"　_021

企业的第二增长曲线　_025

战略落地的 4 大障碍　_032

战略成功执行的要素　_035

绘制战略地图　_040

战略落地的角色分工　_046

3 搭班子：
建设敏捷型组织

组织结构的设计趋势及特点 _051

搭班子的原则 _064

招聘的核心要素 _066

招聘的能力模型 _072

如何解雇员工 _080

4 树文化：
塑造员工行为

企业文化与价值观 _087

企业价值观的构建 _090

企业文化落地的 3 个层次 _094

企业文化落地的 4 个抓手 _106

5 带团队：
培育人才梯队

人才培养路线：专业路线和管理路线 _111

人才盘点：手里有牌，心不慌 _113

人才职级体系的搭建 _117

人才培养体系：养人与用人 _122

团队建设要走心 _127

6 真激励：
让员工像老板一样工作

激励的前提是从需求出发 _133

激励的逻辑和动机 _135

组织激励的类型 _139

常见的激励误区 _148

7 拿结果：
让员工对结果负责

定目标、通目标、晒目标 _153

追踪目标执行的关键动作 _168

团队复盘和个人复盘 _177

参考文献 _185

后　记 _187

1

刷新认知:
数字化领导力

知识要点:
· 数字化时代的领导力思维
· 中层管理者的四维角色
· 管理者常犯的 5 种错误
· 数字化时代管理者的定位

数字经济在全球经济增长中扮演着越来越重要的角色，数字化是当下和未来的组织发展趋势，很多企业竞相开始布局。企业对于数字化管理人才的需求也在快速增长，中国信息通信研究院的研究报告显示，2020 年我国数字化人才缺口接近 1100 万。[①] 伴随着全行业的数字化推进，数字化人才日益成为企业转型升级的核心竞争力。

---

① 高乔.中国数字化人才缺口去年接近 1100 万 人才供给待提升［N/OL］.人民日报海外版，2021-11-19.

数字化时代的领导力思维

面对同一个外部机遇，有的管理者可能会找到商机，有的管理者则会束手无策，手中无牌。为什么会产生这样不同的结果？因为传统的组织管理已经不适用于数字化时代的管理。我们来看一下数字化时代组织管理需要哪些新的领导力思维。

用户思维

用户需求是产品的核心，在企业发展过程中唯一不变的就是客户价值。纵观全球 500 强企业的企业文化，无一例外地包含了关于客户价值、客户满意度的内容。例如，华为就把以客户为中心作为企业的核心价值观。用户思维要求数字化管理者从以下 3 个方面着手：首先，数字化时代的管理者必须亲密接触用户，在场景消费中更多地考虑用户的体验需求；其次，数字化时代的管理者要发现哪些用户未被考虑到，如蜜雪冰城关注到奶茶用户的低价需求，一度成为奶茶界的"拼多多"；最后，数字化时代的管理者要思考用户有哪些未被满足的需求，如共享单车解决了用户有需要但未被实现的短途出行需求。因此，用户思维是企业非常重要的战略原点。

速度思维

市场不是一个耐心的等待者。随着行业数字化和智能化的发展，用户对企业产品的需求和期待是持续迭代的。根据企业的第二增长曲线和产品生命周期，企业的产品一定要快速地更新和迭代，不要等到产品的测试和体验达到满分后才上市，而是只要达到及格线就应该考虑把产品向外输送，然后在这个基础上不断地收集用户的需求测试，再持续改进并更新迭代。我们从微信的迭代案例中可以得到类似的启发，接受产品不完美的现实，先满足用户的核心需求。现在微信是很成功的应用，但是它在刚推出时也仅仅支持用户发送文字和图片，在后续迭代的过程中才陆续上线了语音、视频、群聊、通讯录等功能。

敏捷思维

数字化时代的管理者要面对高速变化的外部环境，组织结构的设计和组织能力的建设也要相应地跟上步伐。敏捷思维是指管理者应善于迅速地发现问题和解决问题，在紧急情况下也能积极地思考，做出周密的计划。数字化时代的组织尽可能追求结构扁平化，因为只有扁平化的组织结构才能更加快速地接触到用户和市场，继而对市场端的用户反馈做出及时响应。

包容思维

首先，管理者要允许团队试错和犯错，因为没有失败的经验就没有创新。创新就是不断试错、不断迭代的过程。如果员工犯错，管理者就采取各种惩罚措施，这样的团队很难有实质性创新。拥有180多年历史的施耐德电气是这方面的代表企业。施耐德电气的企业文化是包容、赋能，让不同背景、受教育水平的员工都能够获得平等发展的机会，并鼓励员工创新和试错。其次，如果团队内部没有赛马机制也很难有所创新。A 员工和 B 员工都发现了一个很好的客户需求并提出了解决方案，管理者可以让 A 和 B 同时去做，允许试错，看看谁能先做出来。这样的赛马机制可以优化企业内部的竞争。这样，企业就不用担心创新难的问题。因为一个人的创新不一定会成功，但是很多人都参与创新，就会大大提高成功的概率。

协作思维

协作思维包含 3 个层面。第一个层面是企业内部的协作。在数字化时代，如果员工之间配合和协作不积极，就很难把一件事情甚至所有事情都做得很好。企业中的很多创新是需要通过部门协作和支持来完成的，因此管理者要有协作思维，这样团队才会形成协作的企业文化。第二个层面是企业上下游间的协作。具体是指企业供应链上下游供应商企业之间是如何通过数字化组织架构和数字化系统实现无缝衔接、高效协作的。第三个层面是企业与竞争对手实现协作。在数字化时代，企业与竞争对手不再只有竞争关系，还存在合作、协同的关系。

2014 年，微软 CEO 萨提亚上任后做了一件很重要的事情：把微软与谷歌、亚马逊和苹果的关系从封闭的竞争关系变为开放协同的合作关系。在此之前，微软公司的员工都不敢用竞争对手的产品，比如苹果的 iPhone，但是后来微软公司为竞争平台提供了 Windows 操作系统和 Office 办公系统，成为谷歌、亚马逊和苹果卓越的内容开发者。这就是企业关系从封闭到协同，并且在开放的关系中合作共赢的案例。

生态思维

生态型企业之所以能够成功，不是因为生态圈本身带来的资源，而是因为其背后开放共创、连接流通、价值共享的生态思维。传统企业为了方便控制，会使用统一的要求和标准，员工按照规定的流程标准做着同样的事情。如果数字化时代的企业也按照这样的模式去做，就很难涌现各种各样的人才，也很难发展成一个生态型企业。例如，一片森林就是一个生态，森林里有小草、灌木和乔木，它们成长得都非常好。如果追求整齐划一，把所有的树修理得一样整齐，森林的生态系统就会被破坏，小草都长不起来了。所以，数字化时代的管理者要允许各种人才的存在，百花齐放，从而打造一个生态型组织。

成长思维

企业数字化升级以后，管理者原来采用的那些成功经验已经失效了。因为今天的市场环境多变，今天的技术环境也在飞速变化，企业管理者要有一种全新的认知，持续学习，不断更新自己的认知，然后让这种思维不断地成长，与时俱进。萨提亚正是以成长思维（growth mindset）带领微软实现了重生。成长思维与定式思维是相对的。定式思维是指停留在原有的成功经验之上，用固有的习惯和做事方式来面对今天复杂多变的环境。这在今天显然是行不通的。

中层管理者的四维角色

中层管理者在企业中承担了承上启下的角色，这与业务骨干的角色存在本质上的区别。很多从业务骨干转型的管理者囿于过往的思维习惯，经常陷入角色陷阱。在企业管理中，中层管理者具体扮演着哪些重要角色呢？下面我们分别从对上、对下、对左和对右四维角色来详细解读。

对上要有"胆"

对待上级，中层管理者要成为生产者和辅助者。如何成为一个合格的生产者和辅助者，如何执行好这个角色？首先，要成为这个领域的专家。影响上级最有效的方法就是专业度。因为上级可能更有全局观，看得更远，但是中层管理者一定要比上司更专业，更有深度。其次，向上沟通要有胆量，要克服怕上级管理者提出异议的心理。那种"老板的观点就是权威，就应该听老板"的想法是不对的。假设提出的决策建议是为了提升用户体验和打造更好的产品，从专业的角度来讲，这样做是对的，就一定要据理力争。

对下要有"心"

对待下级，中层管理者一定要有心。首先，中层管理者在团队中要做领航员，是掌舵把握方向的人。其次，中层管理者在团队中还是一名教练员，要教会团队成员怎么去做，还要不断地学习新东西。另外，赋能型领导者能激发下属思考，提高其参与度。这样不仅能够帮助下属持续地获得职业成长，团队的业务也能够持续不断地获得进步。

对左要有"肺"

对待平级，中层管理者要成为协作者和合作者，通过配合和协作能实现共赢，甚至获得成功。每个人都有本位主义，这是人之常情。如果认为和其他部门同事的协作会影响自己的晋升，就会很容易形成"部门墙"。如果中层管理者只有本位主义，不会向上思考，不懂得站在对方的角度思考，就会遇到职业发展瓶颈。对中层管理者来说，很重要的一项素养是胸怀宽广。"胸怀有多大，上升空间就有多大"，这主要体现在和同事之间的合作上。所以在和平级的合作过程中，中层管理者一定要记得"吃小亏补大脑"，不要样样都想自己获得最好的，要自己吃一点小亏，让别人看到合作的好处，这样很多同事就会很愿意与自己合作。虽然看上去自己是吃亏了，其实后面会获得更多。这才是管理与合作的智慧。如果永远不想吃亏，舍不得出让个人利益，那么这个人会笨得很"稳定"。

对右要有"脑"

对待客户，中层管理者一定要有脑，即成为问题解决者和创新者。问题解决者和创新者不能脱离客户，我们要纠正一种观念，即只有基层员工才需要接触客户。中层管理者不能只坐在办公室里听汇报，而要进行走动管理、现场管理，多接触客户。在阿里巴巴，所有的管理者每个月都要接触客户。企业的共创和创新，很多时候就是在与客户接触的过程中产生的。在阿里巴巴，即使是合伙人、高管每个月也会聆听客户的反馈，观察客户投诉组的工作。

以上就是管理者的四维角色，如果以上角色拿捏不好，中层管理者就很难在管理上有所成就。人一生的成就大小在一定程度上取决于他成就了多少人，所以一定要善待下属、同事和合作伙伴，关注点不能仅仅聚焦于老板一个人。因为有的时候阻碍一个人攀上珠穆朗玛峰最高点的，恰恰是鞋里的一粒沙子。

管理者常犯的 5 种错误

美国盖洛普咨询公司（Gallup）在调研上百位职场人后得出一个结论：员工是"加入企业、离开主管"，即员工加入一家企业的主要原因是企业的口碑、影响力和市场地位，而员工离开一家企业的原因 90% 都在其直属上司身上。因为直属上司可能有这样或那样的问题。在前文中，我们介绍了中层管理者的四维角色，接下来我们来看看管理者常犯的 5 种错误。大家可以进行对照，自省是否犯过或正在犯这样的问题。如果有，就要尽快纠正。

保姆型管理者

保姆型管理者的特点是凡事都站在下属的立场上，亲力亲为，为下属包办一切。这样，下属就会无事可做，因为管理者把所有的活都替下属做完了。保姆型管理者会亲自负责下属做不了的事情，但事情完成以后就结束了，保姆型管理者并没有向下属说明做这件事情的逻辑，只是收获下属羡慕的眼神。很多管理者很享受这种成就感。关于这部分内容，我会在第 7 章中详细展开。

保姆型管理者最大的问题是把自己变成了团队的救火队员。虽然他的个人业务能力很强，但是管理能力却很差。这种管理风格下的员工很难获得成长。对保姆型管理者而言，最不容易留住的就是"明星"员工。"明星"员工业务能力也很强，但是所有事情保姆型管理者都要亲自去办，管得也很细，在这种情况下，"明星"员工就会觉得没有成长空间和发挥空间。

不过，有两类员工会喜欢保姆型管理者。第一类是偷懒型员工。他们认为上司这样做是以身作则，反正他们也不愿意干活，而上司正好是"劳模"，凡事都喜欢亲力亲为，就让上司去做吧。第二类是职场小白。他们的业务能力不强，管理者把新人的工作做了，他们的压力就会变小。但是这样做的结果就是新员工很难有成长的机会。所以，保姆型管理者通常是一个老好人、烂好人，但不是一个合格的领导者。

甩手掌柜型管理者

甩手掌柜型管理者和保姆型管理者完全相反，他们"事不关己，高高挂起"，经常说的一句话就是"这件事情你看着办"。这样的人看上去是一个授权型管理者，实际上是甩手掌柜。授权的意思是，虽然管理者把任务交给下属完成，但是责任在管理者，管理者还会督促下属做一些关键性的检查和跟进。甩手掌柜型管理者的特点是只关注任务是否完成，享受这份荣耀和奖励，但是任务没做好则由下属承担责任。

千万不要认为管理者什么事情都不做，就意味着他们很好，善于给下属提供成长的机会和发挥能力的空间。实际上，这样的管理者是最没有责任感的。业务能力比较强的员工会比较喜欢甩手掌柜型管理者。甩手掌柜型管理者什么都不管，最后只负责验收结果，下属会觉得管理者是在给予他们自由发挥的空间，也是信任他们的表现。但是这样一来，新员工就学不到东西，难以成长，甚至只能黯然离场。在这种管理风格下，新员工的流动率会非常高。

"土皇帝"型管理者

"土皇帝"型管理者说话时喜欢打官腔，比如员工就某件事情向管理者询问意见时，管理者会反问："为什么别人都知道，就你不知道？怎么办你不知道吗？"正确的做法是："这个方法 A 做过，你可以先和 A 交流一下，之后再和我交流。"这才是合格的管理者该说的。

"土皇帝"型管理者开会时经常是"一言堂"："我们开会讨论一下这件事情，我有 3 个方案 A、B、C……你们有没有问题？"如果有胆子大的员工提出问题，管理者还会对他们进行打压，因为管理者提出的方案不容置疑，也无须讨论。他这样做其实只是象征性地询问大家的意见，并不是真的要听取这些意见。

没有人会喜欢这类管理者，即便是新员工也希望能参与决策、发表自己的意见，而"土皇帝"型管理者根本不会给员工这样的发言机会。他要求别人按照他说的去做，做不到就会惩罚。在数字化时代，很多企业的创新、激情和活力都要依靠年轻人，"土皇帝"型管理者很难做好管理工作，因为年轻的新生代更加追求工作中的快乐与自由，已经不能接受类似"一言堂"的管理方式了。他们工作做得不开心、与领导相处不愉快，宁愿跳槽也不会委曲求全。

自然人型管理者

与"土皇帝"型管理者相反，自然人型管理者在工作中不把自己当回事儿。这类管理者经常会做出如下行为：首先，不把自己当干部，在团队中和喜欢的下属走得特别近，经常一起吃饭或闲聊，形影不离，不论所喜欢的下属的业绩表现如何。这类管理者给出的解释是自己也有交友的喜好。真正的管理者不能有这样的表现，而是要做到"等距离外交"，因为管理者所有的行为都是团队的风向标。其次，凡是团队解决不了的问题都说"这个问题我也不会，你们自己想想看"，有时还会说"这个只是我的个人意见，你们自己看着办"……这类管理者没有把自己当作团队的负责人，没有担当。企业虽然赋予这类管理者管理团队的责任，但是他们却并没有担负起相应的责任。

传声筒型管理者

　　传声筒型管理者经常会说："这是老板说的，不是我的意见。"比如，需要劝退一名绩效不佳的员工，他会对员工说这不是他的决定，而是人力资源部门和老板决定的。又如，在下达一项任务或目标时，他会说："你们都觉得目标太高了，是不是？我也觉得目标太高了，但是这个目标是老板定的。"传声筒型管理者的做法实际上是一种"甩锅"的表现，即"所有的决定都不是我做的，都和我没有关系，你们不要怨恨我"。在企业中，这类管理者是最要不得的，与其把他留在这个位置上，还不如不要。

　　　某公司的一名总监要给下属的绩效考核打分，他给下属打了一个"满足期望"的分数。对此，总监的上司认为，放眼整个大区，这名下属的绩效表现勉强算是"需要改进"，虽然不至于立即被辞退，但绝对没有达到"满足期望"的要求。上司要求总监重新给这名下属打分。

　　　该公司的绩效管理流程是员工的直属上级先打分，然后是人力资源部门复核，之后是直属上级的上司最终审定考核评分。绩效考核完成后，总监找下属谈话，对下属说："绩效评估我们已经审核过了，我给你的绩效评估是'满足期望'，但是我的上司认为，你还'需要改进'，所以我也没有办法，你看看有没有问题呢？"员工说："没有问题。"下属虽然嘴上如此表示，但心中非常不满。这名下属找到总监的上司质问道："我想问一下，是你更了解我的工作，还是我的直属上级更了解我的工作？"这样，员工就"出卖"了总监。

在这次沟通工作中，总监作为管理者所扮演的角色就犹如"传声筒"。当总监被叫到上司的办公室时，他仍然没有意识到问题的严重性。上司明确表态，这名总监作为管理者却不担当、不称职，认为总监无法肩负起管理者应有的责任，他不适合这个职位。该公司给予总监降级处理，而且是事发当天发布降级通知，他本人也心服口服。

这个案例告诉我们，管理者的肩膀是用来承担责任的，而不是做"传声筒"。

我们可以回顾一下自己的每一份工作，很多人离开一家企业的主要原因是工作不开心、没有得到公平的待遇、与老板之间缺乏信任、工作不被肯定等，但因为企业发展前景不好而离开的人很少。如果一家企业员工的离职率上升，管理者一定要将"刀尖朝向自己"，务必反省是自己哪里做得不对，要提升管理能力。千万不要认为，员工离职是因为别人支付了更高的薪酬。真的是这样吗？很多时候，下属离职并不是因为高薪。在后边的章节中，我们会讲到企业为员工建立的三个账户，分别是薪酬账户、情感账户（又叫恩情账户）和发展账户。薪酬并不是员工跳槽时考虑的主要因素，还与主管对他的信任度、团队的氛围、个人的经验成长相关，而这些要素都会折换成相应的等值货币。这就是为什么有的员工一挖就走，而有的员工即使竞争对手给出多倍的年薪都不一定能挖走。这就是本质上的差别。

记得有一次为一家企业做培训，课间休息时，有一个学员告诉我："这些管理问题我深有体会，所以越听越惶恐，能够把企业发展到现在的规模，真的是因为运气很好，是因为选对了'赛道'，而不是因为自己管理能力强。凡是以前凭运气赚来的钱，最后都会凭'实力'亏回去。"这说明他的自学能力非常强，但有一些管理者不知道自己有这些问题，即便上过高管培训课程，也依然觉得自己不存在这样或那样的问题，自我感觉良好，员工对管理者的评价也挺好。

事实真的是这样的吗？

美国弗吉尼亚大学在做了长达 5 年的职场调查后发现，人对自我的认知与别人对其的认知中，只有 20% ~ 30% 是重合的。所以在此提醒管理者不要觉得自己没有问题，而要找自己的团队下属，通过"照镜子、揪头发"让他们告诉你事实。这样可能会比较客观，否则相当于设置了高度美颜功能的自拍照，看到的都是美化过的自己，只有找下属给自己照镜子，才能看到客观的镜子。管理者如果不真诚，不能虚心地接纳别人的批评，员工的镜子也只是加了滤镜的镜子。管理者要想成长，就应该用开放的心态倾听下属的声音，这样团队才能客观地"照镜子"。

数字化时代管理者的定位

数字化转型绝非纸上谈兵，管理层要带头示范、以身作则。阿里巴巴把管理者分为头部、腰部和腿部 3 层，每层管理者的角色定位是不一样的（见表1-1）。这样的定位非常形象，适用于很多企业。

表 1-1　阿里巴巴管理者角色的定位

分层	角色	定位	关键职责
头部	高层管理者	定战略、造土壤、断事用人	• 建立与完善体系、滋养组织能力 • 定方向、做决断（人、财、模式）
腰部	中层管理者	懂战略、搭班子、做导演	• 从战略到执行的转化 • 资源整合（人、事） • 多模块组合
腿部	基层管理者	招聘与解雇、建团队、拿结果	• 任务的执行和落地 • 从做事到做人 • 单一模块

头部：高层管理者

高层管理者一般包括总裁、事业部总经理等。高层管理者的定位是定战略、造土壤、断事用人。高层管理者，要会思考和会看方向。在阿里巴巴，看方向用的是道家思想。道家思想的核心是"无为"，这并不是说什么都不做，而是要找到事情的发展规律，遵循客观规律，顺应发展趋势。这不正是高层管理者要做的事情吗？所以我们经常会说，没有成功的企业，只有时代的企业。这说明在创业定方向时，顺应时代非常重要。我们今天所处的时代，如果管理者故步自封，不能融入数字化时代，为传统制造业和国际贸易做一些管理方式的迭代和更新，就会被淘汰。

腰部：中层管理者

中层管理者包括总监、部门总监等。中层管理者的定位是懂战略、搭班子、做导演。作为腰部，中层管理者要发挥承上启下的角色作用。承上是头部的战略，理解企业的战略，然后分解战略，最后把战略变成基层管理者可以执行的计划和方法。腰部管理者强调利他，切忌本位主义、心胸狭窄、没有利他之心。如果中层管理者无法做到利他，那么企业的战略就无法在中层落地执行，部门之间的协同就会变得非常困难。中层管理者对下要能接纳、包容自己不喜欢的人，知道如何调动下属的积极性，发挥他们的强项。中层管理者还要能够接纳一个比自己更能干的下属，更优秀的下属。中层管理者还需要知道如何整合资源。做导演首先需要有自己的作品，有众多角色和资源需要协调、整合，还要学会如何选人和培养人。如果中层管理者具备以上 3 点，就能在未来的管理道路上走得更长远。

腿部：基层管理者

基层管理者包括经理、主管等。基层管理者主要运用的是儒家思想：第一，"吾日三省吾身"；第二，"君子喻于义，小人喻于利"；第三，"天时不如地利，地利不如人和"。总结起来，儒家思想的主旨是要关心人、团结人、相信人。阿里巴巴将这种思想称为"视人为人"。因此，基层管理者一定要把员工当人，而不是把员工当作完成绩效的工具。在后文我会介绍一些组织管理的理念，如激励、目标、团队建设。

在数字化时代，个人的价值会被放大，一个优秀的人才给团队带来的贡献有可能超过 80%，所以优秀的人才很可贵。如何提高这些优秀人才的忠诚度、留住"明星"员工，对于企业的重要性不言而喻。现在已经不是工业时代，管理者不能把员工视作流水线上的螺丝钉，而应该"视人为人"，其中激发员工的创新热情和主动创造性极为重要。如果一家企业的创新只来自老板，即来自企业家，那么这家企业的创新很难有所突破。任正非说，"我们要让听得见炮声的人去呼唤炮火"，这就是在强调创新来自一线。一线员工是否愿意创新是个问题。如果一线员工仅仅是以打工者的心态工作，那么企业开出1万元的薪水，他们就只做1万元的本职工作，额外的事情不会考虑。这说明，企业对于员工的投入除了工资没有其他，比如情感账户（员工关系）和发展账户（员工发展），具体内容将在第6章展开。这是企业没有做到"视人为人"的表现，在数字化时代，这是相当危险的。

　　未来企业的竞争主要是管理人才的竞争。对小企业而言，没有那么复杂的人事架构，组织结构扁平化，企业中可能都是中层管理者或基层管理者。数字化时代对企业提出了新要求，管理者要增加敏捷领导力，组织结构尽可能地扁平化，能够用两层的绝不用三层，能够用三层的绝不用四层。数字化时代的管理者，既要在头部定战略，又要在腰部分解战略和战略落地方案，还要在腿部脚踏实地抓执行细节。创业者亦是如此，既要抓战略，又要抓落地；既要把握方向，又要确保执行。所以，阿里巴巴把管理者的角色形象地定位为"上得厅堂，下得厨房"。这种组织形态对个人的考验更大，意味着管理者要不断地自我升级，不仅要升维对管理的认知，也要升级领导力。

本节刷新管理金句：

1　中层管理者一定要善待身边的下属、平级同事和合作伙伴，而不是只关注老板一个人。

2　市场不是一个耐心的等待者，企业只有快速地更新和迭代，才能持续发展。

3　一个人一生有多大的成就，在一定程度上取决于他成就了多少人。

4　用户需求是产品的核心。

5　不管处于哪个管理层级，管理者每个月都要接触客户。

6　保姆型管理者，通常是一个老好人、烂好人，但不是一个好的领导者。

7　管理者的肩膀是用来承担责任的。

8　传声筒型管理者的授权行为实际上是一种"甩锅"的表现。

9　如果一个企业的创新只是来自老板，这家企业的创新很难有所突破。

10　企业不能融入数字化时代做一些管理方式的迭代和更新，就会被时代淘汰。

2

懂战略：
共创组织战略

知识要点：

· 制定战略：选择 3 个 "圈"
· 企业的第二增长曲线
· 战略落地的 4 大障碍
· 战略成功执行的要素
· 绘制战略地图
· 战略落地的角色分工

个人发展需要先了解自己的优势和劣势，这样才能评估自己的能力圈，明确自己可以做什么，然后将劣势最小化，做出正确的抉择。对企业而言，也是如此。

如果我们平常对商业有所观察就会发现，优秀的企业非常善于发现商业机会，制定战略，成为市场的胜利者。战略是数字化领导力打造中最重要的顶层要素，本章我们将了解战略的定义、数字化战略、绘制战略地图以及战略落地。

制定战略：选择 3 个"圈"

战略是指组织围绕如何经营、如何在竞争中占据有利地位、如何实现组织目标制定的方案。制定战略并不复杂，其本质是在做什么与不做什么之间做出选择，帮助企业达到预期目标甚至超越预期目标。那么，组织到底如何选择呢？选择意味着对资源进行合理分配，没有企业能够占据所有有利资源，制定战略就是选择战略的 3 个"圈"，分别是想做、能做、可做，确定企业的能力圈边界不仅可以减少失误，还可以获得更高的回报（见图 2-1）。

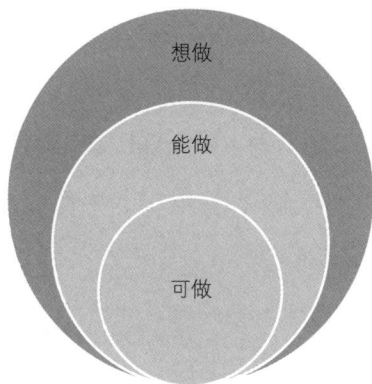

图 2-1　战略选择的 3 个"圈"

想做

　　企业在制定战略时，首先需要思考如下问题：想做什么？为什么要做这件事？初心是什么？想要解决什么问题？使命是什么？阿里巴巴的初心是让国内中小型企业的好产品直接送到消费者手中，把外贸企业的产品直接销往海外，而不是通过层层的外贸链条把产品辗转销往海外。阿里巴巴把这一使命总结为"让天下没有难做的生意"。对企业而言，想做什么很重要，为做这件事情感到兴奋，因为那是梦想。

　　阿里巴巴引进的第一个核心人物是蔡崇信。蔡崇信是耶鲁大学的高才生，当时是年薪50万美元的投资银行合伙人，而那时的阿里巴巴连个像样的办公室都没有，加入阿里巴巴月薪只有500元。优秀的人才虽然看重薪酬，但他们更看重梦想的力量。阿里巴巴"让天下没有难做的生意"的使命让蔡崇信想加入这个宏伟的事业，所以阿里巴巴可以吸引到蔡崇信这样优秀的人成为合伙人也是水到渠成的事情。加入阿里巴巴后，蔡崇信负责战略投资部。

　　阿里巴巴引进的第二个核心人物是关明生。那时的他已是通用公司中国区的副总裁，之所以加入阿里巴巴，是因为他认为做这件事情的意义重大。他在2000年连薪酬都没谈好就加入了阿里巴巴，担任总裁兼首席运营官。

　　这就是梦想吸引人才的力量。

能做

接下来，企业要从想做的远大理想回到现实，考虑在能力和资源条件允许的范围内，能不能做这件事情？是不是只有我能把它做成？如果这件事情别人也可以做好，甚至比自己做得更好，那么需要评估做这件事的意义。有的人做创业项目，既需要找投资人融资，又担心把这个项目信息告诉投资人后，投资人不会投资自己反而把自己的创意告诉其他人。如果抱有这样的创业思维，就不适合创业。一个人能做只有自己能做好的事情，这非常关键。

可做

"商业模式"和"底层逻辑"是现在比较流行的说法，其实二者都是关于企业如何实现盈利的逻辑，关注的是企业提供的产品或服务是否有价值、企业能否从中获利的问题。"可做"是指市场上整个行业的发展趋势是有利的，由此可以判断做这件事情是可行的，未来赛道一定是迅速发展的。现在很多人可能还没开始做，虽然现在开始做很难，但这是未来的趋势。

如果市场中的竞争者都在同一个赛道，多一个或少一个介入者并不那么重要，就说明这样的项目性价比不高，很难实现盈利。图 2-1 中 3 个"圈"的重合部分才是企业应该做的事情。企业的战略，就是我能做、我想做以及根据市场的趋势发展规律又是我可做的交集部分。

有的人会说，自己没有足够的条件和能力做一件事，但是可以整合外部资源来做这件事，即能够站在巨人的肩膀上摘苹果。只能说这样的想法"既理想又美好"，因为企业一开始都没有价值和吸引力，也很难为别人带来价值。在不具备这些优势的情况下，企业还要试图整合外部资源，那么外部资源为什么要被这样的企业整合？

在前言部分，我们讲到"赚小钱靠个人，赚大钱靠团队，持续赚钱靠系统，躺着赚钱靠平台"，不难理解，现在很多企业梦想着成为诸如阿里巴巴、小米、腾讯这样的平台型企业，因为做大平台才能躺着赚大钱，企业才能进一步做大做强。不过通过仔细观察，我们会发现，这些企业在成为平台型企业之前都是从小事做起的。接下来，我们看一下典型的平台型企业的成长历程。

腾讯最初的核心产品只是一个即时聊天工具，后来因为用户量增加开始慢慢有一些导流，也上线了一些其他产品。这说明当企业的产品做到极致时自然而然地会变成一个平台。

阿里巴巴刚开始做的就是中间商的角色，只不过不会像外贸企业那样收取诸多佣金。等到平台有上亿会员的时候，阿里巴巴才开始有了淘宝、天猫，逐渐成为一个平台。阿里巴巴制定了平台交易的规则，改善了平台交易的环境，从而打造了一个越来越有质量的平台。

华为是从代理路由器起家的，从路由器买卖到组装，慢慢拥有了自己的核心技术。如今，华为凭借尖端技术还开发了华为手机、鸿蒙系统、华为云等明星产品。

总之，企业在最初制定战略时，首先不要想着要做一个平台，一定是要从一个具体的点出发，从一个未被满足的用户需求开始，从解决一个痛点开始。

阿里巴巴的战略

战略是"有所为，有所不为，要什么，放弃什么"。通用公司的杰出 CEO 杰克·韦尔奇（Jack Welch）在带领通用繁荣增长的期间有一个很重要的"数一数二战略"，即如果一个业务在市场上不能做到数一数二就砍掉。阿里巴巴这样定义战略："要想清楚我要什么，我不要什么；我要什么，我要放弃什么。"阿里巴巴特别强调要放弃什么，因为随着企业发展得越来越好，面临的诱惑也越来越多，对企业而言，在这么多的诱惑面前能否坚定初心和使命是一项很严峻的考验。

阿里巴巴创立时是志在做电商，让天下没有难做的生意。然而，阿里巴巴在发展过程中也面临诸多诱惑，比如当时的房地产行业发展得如火如荼，属于躺着就可以赚钱的热门领域。另外，还有一个可以"躺赢"的机会。那时很多商家不会操作电商平台，不知道如何开设店铺、发布产品信息、在线沟通提高转化率等。很多"运营小二"建议阿里巴巴增加一个这样的服务企业帮助商家做代运营，但是阿里巴巴的管理层则认为，企业要搭建一个健康的平台和生态，不能所有的钱都让自己赚了。代运营业务可以让其他企业来做，把擅长运营的机构接入阿里巴巴平台。

企业的第二增长曲线

数字经济催生了新的商业模式，数字化转型也成为许多企业增长的重要途径，一些企业还将数字化转型纳入企业战略体系。从企业想做（赋新）、能做（连接）、可做（跨界）3个维度出发会看得更远，中欧国际工商学院战略学与国际商务副教授蔡舒恒，把数字化战略模式分为以下4种：连接器、重构者、颠覆者和新物种。[①]企业的数字化战略不仅要关注眼下，更要关注未来。对企业管理者而言，这是非常重要的。

从企业生命周期看，企业的每一项业务都有一个增长曲线，企业的转型也会反映在增长曲线上。企业有生命周期，产品也有生命周期。一个产品从导入期到成长期，从成长期到成熟期，最后到衰退期被其他产品替代，产品的迭代发展轨迹呈抛物线走势。这样我们就明白了为何苹果公司每年都要推出新的 iPhone 手机产品。企业战略发展也是同样的道理。英国伦敦商学院教授查尔斯·汉迪（Charles Handy）提出了"第二曲线"（the second curve）[②]概念。他认为，企业在有一个增长曲线时一定要尽快发展出第二增长曲线，甚至第三增长曲线。那么，应在何时选择开辟新的增长曲线呢？答案是一定要在上一曲线的增长达到极限点之前！

我们可以把这一成长法则形象地比喻为"年轻的时候生孩子"。假设今天企业有一个产品已经推向市场，而且前景不错，记住不要把企业所有的资源都投放在这个产品上。这时，企业一定要有一个团队开发第二个产品，这是企业增长的第二曲线。当第二个产品快要开发出来的时候，第三个产品就要进入预开发阶段。只有这样，企业才能源源不断地产生新的利润增长曲线。华为一直专注于 B2B 业务，但在其全球市场份额遥遥领先的时候，华为调整了企业战略，建立了消费者事业群，开展 B2C 业务。华为抓住了移动互联网发展的良机，由余承东带头负责中高端手机业务，这为其带来了第二增长曲线（见图 2-2）。

---

① 蔡舒恒.战略启航：企业的数字化发展 [M].上海：东方出版中心，2021.
② 查尔斯·汉迪.第二曲线：跨越"S 型曲线"的第二次增长 [M].北京：机械工业出版社，2017.

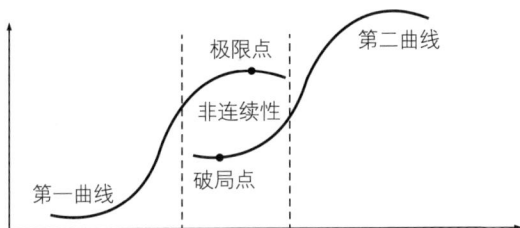

图 2-2　第二增长曲线

阿里巴巴的业务增长曲线

我们来分析一下阿里巴巴的业务增长曲线。1999 年，阿里巴巴的第一个业务增长曲线是 B2B 时的电商业务条线。这时的阿里巴巴还是一家靠融资才能够养活自己的企业，没有任何的收费产品。2001 年，阿里巴巴开始有了第一个收费产品——中国供应商。"中供①铁军"就是从这个团队里诞生的。我们从中能看出企业战略的调整方向。2000 年以前，阿里巴巴的战略市场是"一块布"，阿里巴巴的目标是做好服务和用户体验。2001 年，阿里巴巴的目标是"赚一块钱"，这意味着要实现正收益，就开始有了收费产品。2002 年，阿里巴巴的目标是要每天营收 100 万元；2003 年，阿里巴巴的目标是每天纳税 100 万元。听上去是不是很疯狂？凡是模式上的创新，是能够带来指数级增长的，而不是走楼梯式的缓慢成长，如每年增长 20% ~ 30%。这是第一个增长曲线，但是我们想想看淘宝是什么时候诞生出来的？答案是 2003 年 5 月。这一年阿里巴巴的业务目标是每天纳税 100 万元，即刚刚开始

---

① 指中国供应商。

迅猛发展，但还没有发展到极限点的时候。

2004 年，阿里巴巴的第二个增长业务曲线——金融线出现了。这个业务就是支付宝（Ali-pay），一家很值钱的企业和产品就这样诞生了。2009 年，支付宝还没有开始盈利，淘宝还在迅速发展"双 11"，那时阿里巴巴的各项业务还在高速发展，在远没有到达极限点的时候，阿里云诞生了。大家知道亚马逊的云业务是 2007 年开始投入的，这样看阿里巴巴是不是布局得很早？开始时，国内众多行业的领军人物对云计算并不看好，只有阿里巴巴认为这可能是未来 10 年就要实现的事情，所以坚持在阿里云业务上持续投入。这项业务就是阿里巴巴当时的一个种子业务，到现在已经投入了 10 多年。

对阿里人来讲，最艰难的战略就是阿里云业务。2009 ~ 2012 年，阿里巴巴布局阿里云期间一共投资了 20 亿元，但是这 4 年里开发分布式云计算代码都没有成功，也没有任何成果。很多人都认为，因为布局太早，阿里云可能要成为"先烈"。阿里巴巴为什么一定要开发云计算呢？因为那个时候国内企业没有自己的云计算，很多企业都有机房放置自己的服务器，认为这不是问题。投资人当时也认为这个业务布局过早。员工也质疑这个决定，员工甚至在内网上发帖说阿里云就是个骗局，一夜之间顶贴阅读量达到 20000 以上，言辞十分犀利。公司高层的压力很大。

"王坚真的是学心理学的，把公司高层忽悠得团团转。"

"王坚连代码都不会写，而是学心理学的，他能做好云计算吗？"

"做这个业务，好比明明我们可以开车去北京，却非要骑自行车。"

阿里巴巴的企业文化就是谁都敢怼，即便是阿里云的 CEO 王坚。第二天，某位高管看到大家的反馈好像也差不多了，基本上该吐槽的、该说的也就这些了，这位高管做了一个热贴完结者。他的回复是：

第一，阿里云是企业的战略性业务，我们是一定要做的；

第二，能够做成这件事情的，没有别人，只有王坚；

第三，企业会持续投入，这 4 年时间根本不算什么，我们还计划用 10 年的时间去做成这件事情。

帖子发出以后，大家都不说话了。因为大家太了解这位高管，他是个非常有情怀的人，要做的事情无论别人怎么说，他自己是不会动摇的。但是大家也在猜测虽然高管在回帖时力挺王坚，但是私下一定会给王坚施加很大的压力。然而，事实并非如此。当时这位高管把王坚请到一个小房间说："王博士，这件事情不管谁质疑你，但是我绝对相信你。我只给你提出一个要求，你能不能控制下你的情绪？不要在开会时使劲地拍桌子。你这种情绪会让员工的压力非常大。"

其实王坚是一个性格非常温和的人，但是那段时间他承受的压力太大了。很多人都不相信他，他的团队也不相信他，大家都不相信能把云计算做出来。团队成员走了一波又一波，企业招聘新成员也花了很多钱。王坚后来说，这 4 年他被骂的次数超过他此前被骂次数的总和，还经历了各种不被理解的委屈，但是好在他坚持了下来，完美印证了"一个人的胸怀真的是被委屈撑大的"这句话。2012 年，飞天代码成功了，阿里云走出了成功的第一步。之后的几年不断地开发，试错，再开发，阿里巴巴那时要求很多业务包括淘宝、支付宝都使用阿里云，因为经常会有故障（bug），导致其他事业部门对王坚的意见也很大。由此可以想象，王坚那时的压力有多大。

2013 年，产品开发进入最后的测试阶段。当时大家都很紧张，因为要测试运行是否稳定？数据是否安全？最重要的一个检验就是断电后数据是否会丢失。所有开发员屏住呼吸，王坚闭着眼睛说："拉闸吧！"在断电 4 小时后，团队发现数据保存完好，仅报废了几台服务器。那一刻，所有人都在欢呼，大家都激动地抱在一起，热泪盈眶。王坚默默地走出办公室，悄然落泪，这是受尽委屈后成功的喜悦表达。

在测试成功后，阿里云开了一个总结大会，王坚上台时，大家报以热烈的掌声。大家以为他会说一些励志的话，但是他起初一句话都说不出来，几度哽咽，在台上流着眼泪。他说："今天我其实非常难过，因为曾经最早一起开发阿里云的人都离开了。我也很感谢这么多年还能够坚持到现在的几位工程师，我们终于看到了成功的这一天。"

作为事业部的负责人，王坚并没有写过飞天代码，但是在阿里巴巴投入了 20 亿元后他最终做成了阿里云。王坚之所以能做成阿里云，并不是依靠其专业技能，而在于作为高级管理者这一角色时其技能的高超，他的主业是工业心理学，因此对于某个领域的判断比其他人都具有前瞻性。

企业增长一定不要等到第一曲线增长乏力时才想到要转型，企业增长要有第二曲线。每一增长曲线在刚开始培育的阶段都需要投入大量的资金和人才去成就这项新事业或新产品。等到企业增长乏力时再做投入，这时可能已经没有足够的资金支持了，而且一个老化的企业是很难有所创新的。2010年之前，淘宝是不赚钱的，有几千名员工，而且做运营和技术开发的人才成本都很高。资金从哪里来？那时的淘宝是靠电商养活的。阿里巴巴电商业务的定位非常清楚，就是要培养淘宝，而且要培养支付宝。虽然当时这两项业务都不赚钱，但是发展前景都很好，属于企业未来的战略性业务，很多高级管理人才都去支持淘宝和支付宝。不仅如此，企业还不停地引进大量的优秀人才，这样电商业务就能不停地造血，支持淘宝和支付宝业务不断成长。发展到今天，它们是盈利的。

其实，最艰难的是知道"应该"提前布局第二增长曲线或第三增长曲线，但是知道不等同于做到。当提前布局时面对孤独和不被理解，你受得了这个过程中的委屈、挑战和指责吗？如果想成为一个伟大的企业家，这些都是必须经历的。面对众多的不理解怎样坚持下去？当战略业务迟迟未有突破时，还能相信自己的战略方向吗？还能相信未来的趋势吗？这些难题才是真正的考验。

伟大的企业家善于判断未来的趋势，一旦确定后就不会轻易动摇，哪怕所有人都反对。阿里巴巴的企业文化是"如果大家都说你很对，这件事可能应该丢到垃圾桶。当大家都反对的时候，说明这件事情很难，你就有了做的价值，要不然要你干什么？"

伟大的企业家还要懂得如何用好一个人、相信一个人。当我们相信一个人的时候，是不是能够给他一些不受任何质疑、不受任何挑战的信心，一如既往地支持他？这个是很考验企业家的。会用人、用对人，这很重要。

战略落地的 4 大障碍

我们前面讲了战略制定的注意要点和方法。其实，一家企业只有 10% 的时间用于战略制定，90% 的时间用于战略分解和战略落地。我在这些年的咨询工作中发现，员工起初都认可企业制定的战略，但是过一段时间后大家就不知道企业的战略方向是什么了。有时候，企业管理层对企业战术进行调整，员工会抱怨企业战略经常变化，其实企业战略从来都没有变过，变化的只是战略落地的战术。这说明中层和基层对企业战略没有理解透彻。

当企业有了一个好的选择、一个好的赛道、一个好的战略之后，接下来需要关注的是影响企业战略落地的障碍有哪些。

沟通障碍

95% 的员工[①]其实并不知道企业战略是什么或者不理解企业战略，这说明企业与员工之间没有充分地就企业战略进行沟通。沟通不足是影响战略落地的一个重要原因。谷歌公司有这样一个沟通习惯，每周五谷歌的高管都会固定在一个地方与员工进行交流。高管会用 15 ~ 20 分钟的时间向员工讲述企业战略、企业存在的问题，之后还会请员工提问。是否参与这样的活动，由员工自主决定，不是强制性的要求。阿里巴巴也有类似的活动，公司每月有一个"帕特纳（合伙人）有约"的直播会议，邀请公司合伙人、高管加入直播，员工可以问一些与企业战略、企业文化有关的问题。

---

① 让·查兰 .CEO 失败的原因是什么 [J]. 财富，1999，6（21）.

资源障碍

60%的组织资源[①]并没有聚焦在企业战略上，战略执行中并没有给予足够的资源支持。这说明许多企业制定的战略与自身所拥有的资源是不匹配的，这样的战略就很难落地。有些高层管理者虽然制定了战略，但是在具体执行中并没有投入相应的资源予以支持，因为他们更关注眼前的营收而看不到战略业务带来的未来预期增长。

A企业当下的主营业务发展得非常好，市场份额和市场占有率都表现得很不错。老板要发展企业增长的第二曲线，于是有了一个战略性业务，并且搭建了一个5人小团队负责这项业务。战略业务属于投入期，没有现金流产出，企业的利润来源不仅指望不上新业务，还需要投入大量资金支持新业务。首先，从人才方面讲，目前带新业务的团队负责人业务能力一般。一个战略性的业务需要最优秀的人、最合适的人，结果用了一个平庸的人。其次，在产品研发和市场调研方面投入不够。新业务每次向企业申请资源时，财务部会要求投资回报率（ROI）。在企业中，财务部看到的永远是数字，但是一个刚孵化的业务很难有一个理想的ROI。如果短期就要求新业务有财务回报，那么新业务就很难推进。

现在新业务团队很纠结，虽然企业高层一再强调这是企业未来3年的战略性业务，但是并没有加大资源支持。

---

① 让·查兰.CEO 失败的原因是什么 [J].财富，1999，6（21）.

认知障碍

85%的管理者[①]真正用于讨论战略制定、战略落地及复盘的时间非常少。这个数据是很可怕的，如果不进行阶段性的复盘，战略就如空中楼阁，无法落地。战略制定的几个月以内应该对战略落地的情况、资源支持、精力管理进行复盘。企业的传统业务只要保持稳定就可以了，但新业务一定要予以充分关注。阿里巴巴一定不会把战略性业务作为一个小部门放在一个大事业部下面，因为那样永远长不起来。因为太小了，小到容易被忽视。对这个事业部的负责人来讲，企业的营收和个人奖金也不得益于新业务，很难给予新业务更多的关注。企业的创新业务一般都是直接向董事长和CEO汇报的，没有中间层。组织架构决定了创新性业务能够在多大程度上得到企业的资源支持，以及反应是不是够快。

绩效管理障碍

实际上，70%的组织绩效管理[②]与企业的战略没有直接的绑定关系，比如今年企业的一个战略目标是用户数增长，但是最终考核利润。如果考核利润就应该扩大销售额，不一定通过用户数增长实现，即使是控制成本也可以做到。在这种绩效管理模式下，如何实现用户数的快速增长从而占有市场份额？针对用户数增长这一目标，建议企业考核新增用户数、续签率、客户满意度这三个绩效指标。首先是新增用户数。绩效和新增用户数挂钩，新增多少用户数就有相应的奖金。其次是续签率。虽然不断地有新用户增加，但是老会员也在不断地流失，这对用户数的增长也是非常不利的。最后是客户满意度。这样的绩效

---

① 让·查兰.CEO失败的原因是什么[J].财富，1999，6（21）.
② 同上。

考核方法淡化了销售额和利润指标，所以科学设置绩效管理对于战略落地非常重要。

总之，我们要把资源和能力专注于战略，否则其无法落地。

战略成功执行的要素

企业战略通常是由企业的高层管理者制定的，他们通常被称为"首席战略官"，包括首席执行官、首席运营官、首席财务官等。这些战略制定者负责企业的战略构建、战略沟通、战略管理与战略执行。战略执行比战略制定更困难，因此企业战略制定之后，应该关注如何与员工沟通，督促战略执行。

战略金字塔

我们首先来看一下战略金字塔的层次，具体见图 2-3。

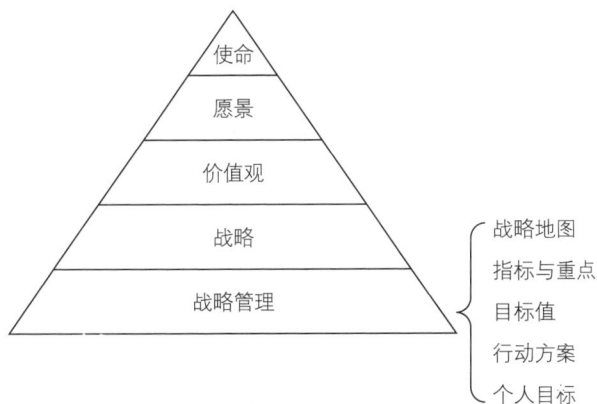

图 2-3　战略金字塔

使命

使命是对组织目的的一种描述，是一个企业存在的理由。我们可以理解为创始人创立一家企业的宗旨（purpose）和信念，要为社会和用户解决哪些痛点，带来哪些美好。西班牙企业培训专家卡门·雅德斯（Carmen Yates）早已洞察这一点。她认为，在智慧型经济中，良好的商业形态是目标明确的共同体，而非简单的财富聚合体。如果企业不先把企业使命阐述清楚，在前进的道路上早晚要面对这一缺失带来的后果。[①]迪士尼的使命是"让世界快乐起来"（make the world happy），并且围绕这一使命招聘员工、搭建团队。伟大的使命不仅能影响员工，还可以影响用户，使命能够激励大家追求共同的目标和愿景，苹果公司也是这方面的成功案例。

愿景

愿景是企业的一个长远目标。好的战略始于正确的目标。企业愿景不应只是作为一种公关语言，也不是为了赶时髦而宣扬的一些令人难以置信的目标。[②]愿景是关于到底要做一个什么样的企业承诺。愿景通常由企业家或创始人提出，可以说创业型企业的愿景驱动就是愿景式领导，如阿里巴巴的企业愿景是存活102年，帮助1000万家中小型企业盈利，服务10亿消费者。

价值观

具体而言，价值观就是企业文化，即企业要达成的长远目标（愿景），需要

---

① 卡门·雅德斯.如何实现企业的愿景与使命[M].朱敏，译.上海：上海远东出版社，2010.

② 小阿瑟·A.汤普森 等.战略管理：概念与案例（原书第21版）[M].于晓宇，王家宝，等译.北京：机械工业出版社，2020.

一群什么样的人，这群人应该具备什么样的优秀品质。迪士尼对价值观的追求非常值得我们学习，阿里巴巴的企业价值观正是参考了迪士尼的价值观，即拥抱变化、团队合作、客户第一、激情敬业。

战略

这里的战略是指商业计划，要确定企业战略是什么，即要确定企业实现一个愿景、达成一个使命的对策是什么。从不同视角来看，战略可以体现为计划、模式、定位和观念。

战略管理

在图 2-3 中我们看到最下面的一层为第五层，它们都属于战略管理。这需要投入大量的时间，建设整个组织的运营机制，需要所有人参与。

战略管理的落地，需要落实许多具体的指标和重点工作计划，将战略分解到部门即为部门规划，部门规划落实到个体即为个人目标。需要注意的是，每个员工的个人目标都不是独立的，而是和企业的整个组织目标相关联，即员工的个人目标与企业的战略目标是强绑定的。但是管理者又不能因此错误地理解为，员工今天实现个人目标就是为了实现企业的战略目标。企业管理者要站得高一点，格局要大一点。

在第 7 章中，我们会讲到如何制定员工的个人目标，员工的个人目标与组织的战略目标如何联合或者说如何找到连接点。既实现了企业的梦想，又帮助实现员工的个人的梦想，这中间有一个共通点是统一的。

在完成上述的金字塔要素之后，企业才能实现经营成果。企业经营成果包含了 4 个方面，分别是满意的股东、愉快的客户、高效的流程和高绩效的员工（见图 2-4）。

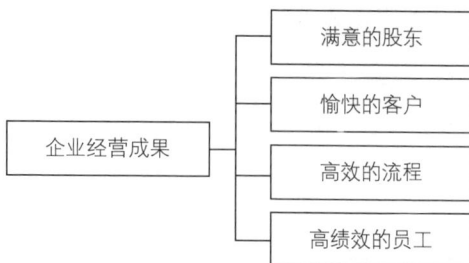

图 2-4　企业经营成果的 4 个方面

战略成功执行的三要素

台湾积体电路制造股份有限公司创始人张忠谋认为："没有战略，执行就没有方向；没有执行，战略就百无一用。"结合战略金字塔的论述，笔者认为战略成功执行主要包括以下三要素（见图 2-5）。

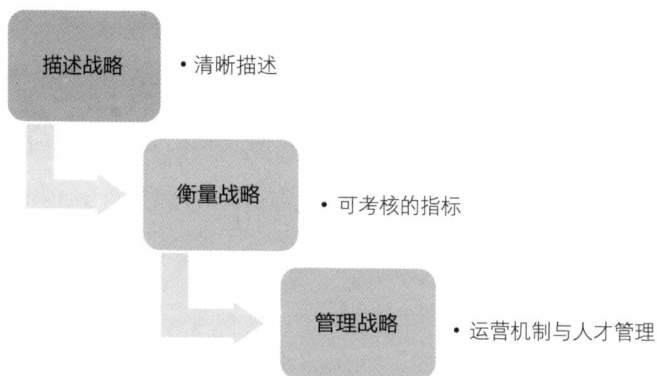

图 2-5　战略成功执行的三要素

描述战略

企业战略应该是可以被清晰描述的，凡是说不清楚的战略都是不好的战略，是执行不了的战略。真正成功的战略，都是能够被清晰描述出来的。

衡量战略

企业战略一定要变成可衡量和可考核的指标。如何衡量战略是成功的？切忌是一堆形容词，一定要有可量化、可考核的具体指标。

管理战略

由于组织的复杂性，战略管理有利于推动组织各个部分都齐心协力地达成组织目标，在保证企业达成既定目标中发挥重要的作用。管理战略就是打造组织和团队的能力，其本质是整个企业的运营机制建设与人才管理。这是在战略成功执行中投入时间最多的部分，也是最难模仿的。

当下的商业竞争中，市场上最不缺乏的就是商业模式模仿者。正如2011年外卖平台的"百团大战"、2017年的"共享单车大战"，模式是最容易被复制的。企业的战略方向是很容易被复制的，但管理战略的具体方法是最不容易复制的。

企业选对了赛道，不一定会成功，这就是当时外卖平台的"百团大战"中只有美团活下来的原因。共享单车也是如此，最后只有一两家企业得以存活。

那么，海底捞的模式为何学不会？海底捞不就是向客户提供贴心式服务吗？海底捞考核员工的关键指标不就是客户满意度吗？为什么那么多的餐饮店依然达不到海底捞的水平？那是因为海底捞有一套系统的运营机制，其他企业学不会海底捞的企业文化，更学不会海底捞创始人张勇身上的特质。虽然企业的战略模式可以复制，但是组织能力是无法复制的。

当我们谈及企业核心竞争力的时候，到底在谈什么？组织的核心竞争力又是什么？有人认为组织的核心竞争力就是人才，但是我们知道，人才可以通过流程化进行复制，所以人才并不是企业的核心竞争力。培养人才的机制才是企业的核心竞争力，而这个机制正是组织的运营能力与组织能力。

绘制战略地图

下面我们讲述的是如何将企业战略逐层分解为各部门都可以理解的语言及其实现路径。"战略困扰你？把它绘成图"[①]，战略地图（strategy map）是战略分解可视化的重要管理工具，有助于企业以战略地图为依据，提高与员工之间战略沟通的效果。

战略地图模型是由美国哈佛商学院教授罗伯特·卡普兰（Robert Kaplan）和戴维·诺顿（David Norton）在平衡计分卡（balanced scorecard）理论的基础上改善而成的。该模型对与战略落地相关的工作进行层层分解，包括财务指标、客户层面、内部运营、员工成长4个方面，明确了战略目标达成的因果价值链，并由此绘制出一张简图，即"战略地图"。

绘制战略地图的逻辑

战略地图就是将战略可视化，清晰地描述出企业战略实现的路径。下面我们来看一下绘制战略地图的4个步骤（见图2-6）。

---

① 罗伯特·卡普兰，戴维·诺顿.战略困扰你？把它绘成图 [J].哈佛商业评论，2004.

确定财务指标	利润	领先地位		客户亲密度		生产率	经营卓越	
		保有高价值客户		增加新客户或已有客户留存率			消除方差	增加边际
调整客户价值主张		完整的解决方案	高价值	值得信任的顾问	增加客户推荐		无意外	
				预测需求				
优化内部运营		领先地位	快速结果	建立客户支持中心			利用重复性流程	
		绿色行动	项目管理专业化	建立客户知识中心			观察并利用最佳实践	发展灵活的流程
投入学习成长		建设一支卓越的员工队伍		创业精神			管理决策工具	

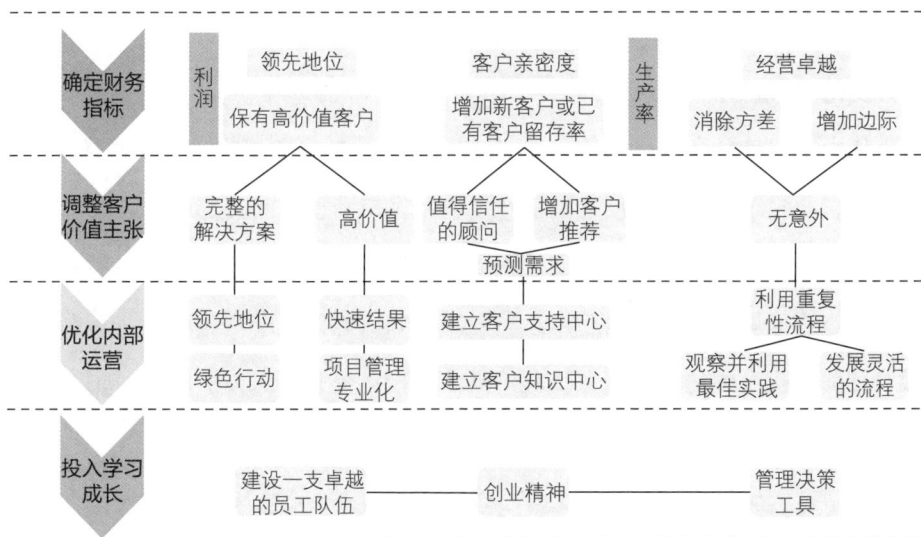

图 2-6　战略地图模型示例

确定财务指标

从财务指标评价企业的获利能力，是企业战略目标的表现。财务定义了战略成功的标准，所以管理者最关注的是企业各方面的经营数据。财务指标包括资产回报、销售利润、销售收入、用户数、品牌影响力等。该步骤中的重点目标是从财务层面确立企业战略成功与否的衡量标准。

调整客户价值主张

从客户指标评价企业的竞争力，是企业战略目标的来源。客户层面，即客户满意度、客户对品牌的认知度、品牌的市场价值等。企业实现了客户价值，就能够创造财务指标，二者之间存在因果关系。客户价值主张是指企业为客户提供了哪些有价值的服务，客户最在乎什么，客户为什么选择我们，没有选择别人的理由是什么。

优化内部运营

从内部运营的角度评价企业的综合提升力，是企业战略目标实现的保证。内部运营决定了企业客户层面的满意度，而客户满意度又决定了企业的财务指标。运营流程要通过高效的内部流程向客户提供企业的价值主张。内部运营应该考虑以下问题：如何提高生产运营效率？如何优化供应商流程，使其更加高效？如何提供高效的运营服务流程？具体是指：企业内部各个部门到底应该做什么，如何协同与配合，业务流是什么样的。

投入学习成长

这是企业战略目标增长且投资于未来的关键一步。运营层面要想获得高效、高质量的战略执行，必须通过学习层面的指标衡量。学习层面的指标有员工的生产力能效、员工满意度，可以将这些软性指标纳入绩效考核中，以确保每一名员工绩效指标的完成度，这就决定了企业能否提供更高效的服务。服务过程会影响客户满意度，客户满意度会影响客户的复购行为，客户购买行为会影响企业的财务指标。从这样的闭环中我们可以看到，企业需要考虑的问题是：如何设计一个高效的流程并提供这样的服务？员工需要在哪些方面予以成长？企业需要哪些绩效管理措施、需要哪种类型的激励？

战略分解一定是以结果为导向的。结果从财务指标出发，再到客户层面、运营层面、学习层面，通过这样的四个层次逐步分解。总之，绘制战略地图的目的是帮助企业分解战略目标，实现战略落地。

绘制战略地图的两个建议

通过绘制战略地图，企业各个部门和管理者都会很清楚地意识到这样的逻辑：内部学习成长、员工激励、绩效考核与团队建设的最终目的是提供更好的服务，只有让客户满意，企业的财务目标才能达成，从而确保企业的战略能够实现。那么，绘制战略地图要注意哪些要点呢？

第一，不要把绘制战略地图的任务仅仅交给总裁办和战略研究部门，一定要让人力资源部和各部门高管都尽可能地参与。让员工知道企业的主张远远不够，优秀的企业还要让员工理解企业战略为什么是这样的，实现战略落地的指标有哪些，需要员工怎么执行。企业绘制好战略地图后，再让员工制定自己的绩效目标，这样员工才能理解目标的意义，而不是简单地把每年的目标设置为诸如业绩同比提高 10%～20%。反之，每当企业发生战术上的调整，员工就会觉得企业方向又变了，这是因为员工不清楚企业的方向和主张。

第二，企业高层要更多地关注部门协同，多投入一些时间在战略沟通与战略地图的绘制上。这个投入很有价值，不要觉得这是在浪费时间。黄金圈法则告诉我们，有的时候让中层管理者和基层管理者知道为什么做比知道怎么做更重要。有时 A 部门与 B 部门很难协同，大部分原因并不是员工之间的个人恩怨，而是两个部门缺乏一个共同的目标。企业 CEO 一定要让员工知道企业的使命与愿景，这是大家要共同实现的理想，即共同的战略目标。如果这些没有被正确理解，没有全员参与，就很难实现战略的协同管理。例如，销售部门有销售指标，生产部门有安全指标、成本控制指标、产能指标，但销售部门只关心生产部门能否及时提供所需要的货品，反馈的产品问题能否及时改进。这样的话，只看到以自己为中心的单方面需求，忽略了企业战略中最重要的是共赢。只有产生共同的目标认同，才能更好地协同。

前面讲到了绘制战略地图的逻辑，即确定财务指标、调整客户价值主张、优化内部运营、投入学习成长四个指标及其因果关系。这个模型绘制本身并不复杂，关键是企业要如何做这件事情。很多企业基本上在口头传递战略目标后就以为大家自发地执行了，指标分解与制定后就理解为企业战略地图绘制完成了，这是没有正确理解战略地图的表现。

接下来，我们通过案例帮助大家理解如何绘制战略地图。

> 某员工体重已超过健康的标准。为了维护公司形象，也为了他个人的身体健康，上级要求其在两个月内体重下降 5 千克。

> 你觉得上级已经表达得很清楚了，有数据量化指标，很容易考核。实际情况是，员工会有两种理解和执行方案。

> 第一种，员工会通过吃大量损害身体健康的东西减肥，比如导致腹泻的减肥药。这种做法虽然可以促使体重很快下降，却是以牺牲健康为代价的。这一种行为背后，员工的逻辑是这样的，"既然上级让我减肥，那就是为了把体重降下来，这样做可能是为了形态好看"。

> 第二种，员工理解上级让他减肥的目的是保持身体健康。因此，他会去吃营养餐，锻炼身体，少吃高热量的食物。这样，他的身体状况变得很好，每天精神状态也很好。

> 为什么会有两种不同的执行方案，是不是理解得不对？通过这两种方式，员工的体重都下降了 5 千克，你想要的是哪一种结果呢？可能你要的是第二种结果。但是为什么会有第一种执行方案？第一种执

行方案是因为上级没有告诉员工为什么要让他在两个月内体重下降 5 千克。

所以，管理者不要认为把一个目标分解下去，事情就会圆满解决，这还不够！一定要让员工知道这么做背后的逻辑和目的。

如何理解战略共创

如果有 90% 的人都能想到企业战略应该怎么做，并且大部分主张通过后就能去执行，这一定是错误的。这种战略就应该丢进垃圾桶。战略不是共创出来的，那么，为什么还要谈"战略共创"？战略共创不是指一起制定企业战略，而是一起绘制战略地图，营造一个开放的对话场景，重在思维方式和方法引导，即如何绘制战略地图，让执行者理解企业为什么要设计这个战略。

在绘制战略地图之前，管理层一般都会尽可能地收集更多的数据，如销售数据、市场数据、用户数据、竞争对手数据，把这些数据展现给大家，让他们了解市场、用户和竞争对手的情况；然后，让他们思考在这种背景和市场趋势下，企业在 3 年内应该做什么，今年应该做什么，做到什么程度。

有人会说，这不就是让执行者定战略吗？不，我们把这样的过程称为"战略共创"。其实战略在很多时候是企业管理者引导出来的，因为管理者知道企业应该做什么，但是又不能直接告诉员工。而经营战略就是这样，因为即使直接告诉员工，他们也很难理解。只有让员工也看到管理者看到的东西，员工才能够理解。要把管理者的望远镜也给到员工，让团队的每一个人也看到，然后做出今天的战略。这样，执行者就能理解企业为什么今年要做这些事情。

　　大家在引导下形成了差不多的战略共识，即今年要做用户增长。那么接下来该怎么做呢？大家就开始一起绘制战略地图。从财务层面，怎么样衡量战略成功的指标；从客户层面，企业的价值主张是什么，要满足客户哪几点需求，客户购买我们产品或服务，而不购买其他企业产品或服务的理由是什么，逐项填写上去。

　　另外需要思考，如何提供别人做不到而我们能做到的服务，内部流程应该怎么做，需要哪些激励，需要哪些考核，需要什么样的组织架构，需要哪些培训。把以上问题想明白、弄清楚了，这个战略地图就绘制完成了，团队协同的问题也得到了很好解决。

　　地图是大家一起绘制的，所有人会很清楚要做哪些协同。产品部与技术部都在一起绘制这张地图，产品部知道应该怎么配合技术部，因为战略地图中很清晰地写明了产品部最主要的价值贡献与绩效要求是什么、技术部的绩效要求是什么，这样就能知道如何寻找到共赢点。

战略落地的角色分工

　　战略地图绘制好以后，接下来是战略落地，其中又以角色分工最为关键：第一项分工是高层管理者（即企业创始人）要做的事情是什么；第二项分工是中层管理者的职责是什么；第三项分工是基层管理者的职责是什么。

高层管理者：定方向

高层管理者的职责是定方向，选拔关键人才，建立业务、组织、人才三要素的系统框架。请记住，高层管理者绝对不能凡事亲力亲为，而是定方向，让大家理解大方向，一起参与战略地图的绘制，输出的就是大家共创的战略和战略地图。

中层管理者：绘制战略地图，确定战术

中层管理者的职责是参与绘制企业的战略地图，然后确定部门战术。中层管理者要把吃进去的战略能"吐"出来，而且一定是属于被自己消化和理解过的战术，这时要输出的是部门目标和部门计划。

基层管理者：制定具体打法

基层管理者的职责，就是要制定具体的打法，要盘活资源，以最终结果为导向开展工作。基层管理者要输出的是小部门的目标、工作计划、部门和员工的绩效。

简单总结，高层管理者的角色是定方向，中层管理者的角色是定方案，基层管理者的角色是找方法。战略落地的前提是将大的战略分解成许多个任务和目标。中层管理者和基层管理者的核心任务是分解整个战略目标并提出切实可行的执行方案。

企业CEO制定的战略要变成可落地的执行目标，离不开"包工头"的配合。有说法将此形容为"没有包工头的分解力，就没有CEO的领导力"。

对于没有3层管理级别设置的扁平化组织该怎么办？我的建议是组织设计

可以没有 3 层，但是不能没有人承担以上 3 层的角色，即一人可以扮演多种角色。CEO 可以既定方向，又负责执行落地，与基层员工一起绘制地图，还要分解部门指标和每个人的指标。

本节刷新管理金句：

1   战略是选择，战略要想清楚放弃什么，战略是"年轻的时候生孩子"。

2   凡是模式上的创新，都能够带来指数级增长。

3   人才并不是企业的核心竞争力，培养人才的机制才是企业的核心竞争力。

4   真正成功的战略，都是能够被清晰地描述出来的。

5   部门间难协同，大部分原因并不是员工之间的个人恩怨，而是缺乏一个共同的目标。

6   没有包工头的分解力，就没有CEO的领导力。

3

搭班子：
建设敏捷型
组织

知识要点：

· 组织结构的设计趋势及特点

· 搭班子的原则

· 招聘的核心要素

· 招聘的能力模型

· 如何解雇员工

本章我们讲述的主题是"搭班子"。企业战略与组织结构密切相关，一旦制定了组织战略、目标和计划，管理者就必须考虑如何设计组织结构以最大限度地实现既定的组织目标。

从整体上讲，企业战略决定了组织结构，而组织结构的设计直接影响组织战略的执行与落地。在组织设计时，每个企业都要从自身的战略出发，明确需要何种组织能力，选择适合的组织结构。

那么，如何搭建组织结构才能让企业在数字化浪潮中，成为一个灵活应对外部变化的敏捷型组织？

组织结构的设计趋势及特点

　　组织结构是组织内部对于职能、职权、层次、部门的设计安排，是关于组织各要素之间关系的一种模式，是一种系统管理框架。许多组织结构设计的概念都源于 20 世纪的工业时代，而当下的管理者关注的是如何找到一种既能够保证灵活性又能够促进组织目标协同实现的组织结构。

传统组织与数字化组织

　　我们先来看两种不同的组织并分析它们的特点（见图 3-1）。

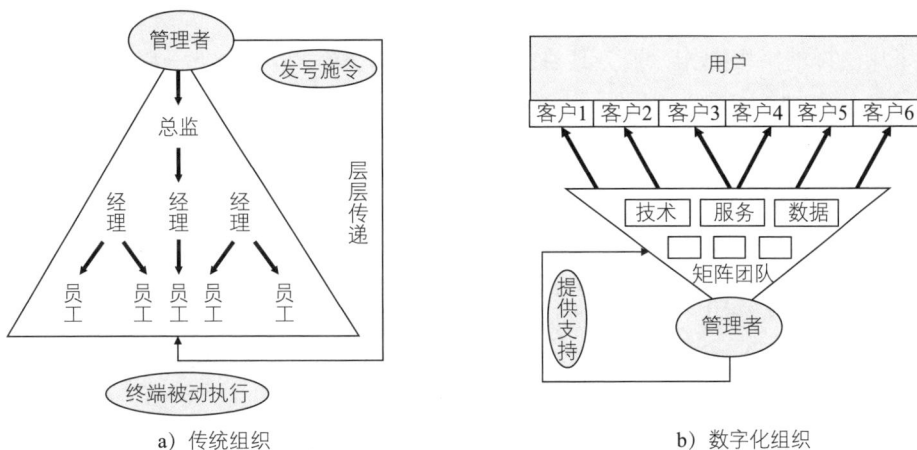

a）传统组织　　　　　　　　　　　　　b）数字化组织

图 3-1　两类组织结构示意图

传统组织

传统组织又称"官僚组织"，其组织层级呈金字塔型结构。这种组织结构通常是非常机械化的，是一种集权和强调管控的模式。在这样的组织结构中，信息需要层层传递。图 3-1a 展示了一个典型的传统组织结构，最高管理者位于金字塔顶端，下面依次是总监、经理、员工，组织靠管控层层传递信息，组织权力非常集中，下面的层级以听从指挥、执行为主。这种组织的优点是可控、责任明确、统一指挥。但缺点也很明显，决策过于集中，设置的架构层级非常多，信息在层层传递中也会逐层失真。这种管理模式比较粗放，层级过多，严格强调上下级的隶属关系，容易形成官僚主义。

德国管理学者马克斯·韦伯（Max Weber）提出的组织理论至今已有 100 多年的历史，社会经济结构和组织形态也发生了极大的变化。那么，传统组织的结构是不是不适应任何组织了？事实并非如此。组织结构理论中大部分的原则仍然可以为现在的组织设计提供有意义的参考。即使企业规模很小，这种组织结构也是适用的。另外，强调严格执行上级指令、无须过多创新的组织通常会采用这样的组织结构，因为其目的是统一指挥、统一节奏，下一层级的人员只需要执行命令，关注执行的效率和速度即可。

数字化组织

这种组织结构的设计特点是以客户为中心、分权、灵活、扁平。图 3-1b 是一种面向未来的组织结构，形状像一个倒三角形，形成多个产品事业部，中间是支持中台，包括技术中台、服务中台、数据中台等。它是指挥中心，统一指挥部署每个以客户为单位的小前台，管理者通常是在金字塔的最下面，支持各个客户中心和各个数据中台、中台部门。管理者的角色不再是高高在上的命令者和指挥者，而是赋能者和支持者。在数字化组织中，比较流行的设计方法是矩阵结构或项目结构。

矩阵结构（matrix structure）是指不同职能部门的专家由于项目需要，被分派在一个或多个由项目经理领导的小组中展开工作，从而形成双重职权关系的组织结构。项目结构（project structure）与矩阵结构类似，只是项目结构中员工在完成一个工作项目后可以返回原来的部门工作。组织根据实际工作需要，不断地成立、解散项目团队，在需要的时候找到这些有项目经验的人重新组队。相比之下，项目结构更有灵活性。

数字化组织结构强调让听得见炮声的人去做决策，无须层层请示和层层传递。这就是传统组织和数字化组织在结构上的核心区别。未来的组织，将更多地偏向于采用这种倒三角形的组织结构，即数字化组织结构。

组织设计的 4 种趋势及其特点

扁平化组织

扁平化组织结构是数字化时代一种很重要的组织结构。在阿米巴经营管理模式中，扁平化是企业转型的开始。扁平化组织的优点是分权、决策高效、无须层层请示、自由空间非常大。当然这种组织架构也有缺点。因为一个人管理数十个部门的时候就不可能管控得很细，即管控力是很弱的，但自主性会比较大。其缺点是上层掌握的信息量过大，无法掌控更多细节。

如何管控这样的组织？答案是赋能，即激发员工的工作热情，让每一个人在这个组织中都能够发挥主观能动性，主动创造、主动创新、主动做事情。在扁平化组织结构中，一个管理者的管理跨度可能超过 8 人，而管理者很难有效管控这么多人，这是扁平化组织的一个缺点。我们可以对比金字塔型组织结构与扁平化组织结构的层级，见图 3-2。

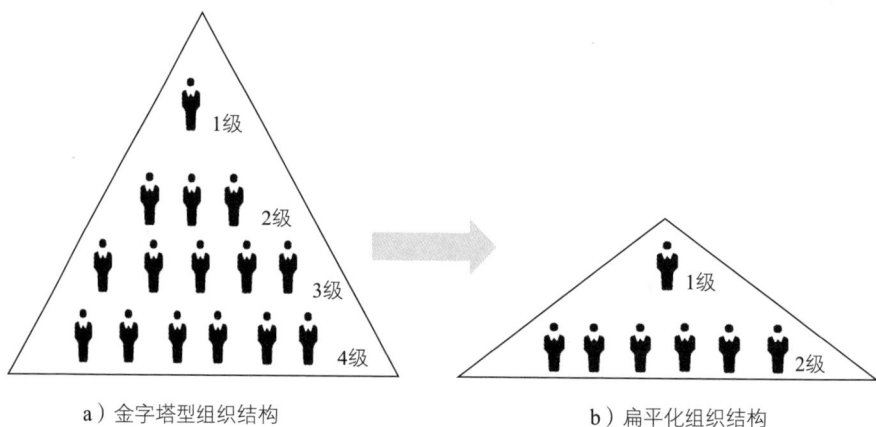

a）金字塔型组织结构　　　　　　　　b）扁平化组织结构

图 3-2　金字塔型与扁平化组织结构的层级比较

现在很多科技型企业采用扁平化组织架构，如小米集团。小米集团下设手机事业部等十几个事业部，这些事业部负责人都是直接向雷军汇报的，所以雷军的直接下属就有十几个，还有一些委员会也是直接向他汇报的。在传统组织中，一个领导者的管理半径是 5 ~ 8 人，但在扁平化组织中，一个领导者可能管理十几个下属。互联网企业面临的环境是复杂的、不确定性的，它们更倾向于选择这种组织结构，通过扩大管理跨度，提高决策速度，向员工授权，从而实现组织的高效运转。

我们再来看一下字节跳动的 1-14-104 组织架构（见图 3-3）。张一鸣的直接下属有 14 人，每一个直接下属的下面有 90 多个下属。这就意味着张一鸣的两层的架构下面至少有 104 人，向他汇报的都是各个的事业部业务负责人，这个组织也是扁平化组织。

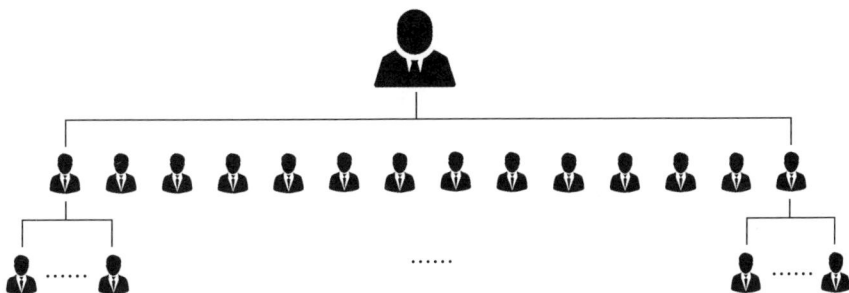

图 3-3　字节跳动的组织架构

　　字节跳动的企业文化是责任、延迟满足、自我发挥，这与奈飞（Netflix）的企业文化非常像，靠自我驱动、自我激励，即"心中有梦想，眼里有亮光"。在这样的组织架构中，员工必须自我驱动，如果抱持一种打工者心态，眼里没活儿，对自己的职业发展没有清晰的目标和持续的热情，那么将很难实现自我价值。

平台型组织

　　在未来的商业组织结构中，个人的力量将被无限放大。中欧国际工商学院的陈威如教授认为，"平台模式"是近 10 年来最大的商业创新。观察众多知名企业，我们可以发现优秀的企业都将自己视为一个人才平台。平台模式的理念逐渐被众多企业推崇，企业也将平台模式与用人观念相结合，利用平台模式更好地调动、激发人的创造性。

　　平台型组织的典型企业是华为（见图 3-4）。组织中台是平台型组织真正的

"战略要地"，通过图 3-4 我们可以观察到，向 CEO/ 轮值 CEO 汇报的都是一些职能中台，中台全部是为业务部门赋能的，中台左下方是业务平台，即小前台，包括企业业务组、运营商业务组、消费业务组、产品解决方案和 Cloud BU。平台的中心是各个职能中台，是直接接触客户的业务部门，然后职能中台的右下方是服务业务的后台，包括 2012 实验室，供应链、采购、制造，华为大学[①] 和华为内部服务。这是一个相互之间关系平行的大平台，而不是层层分级的上下级关系。

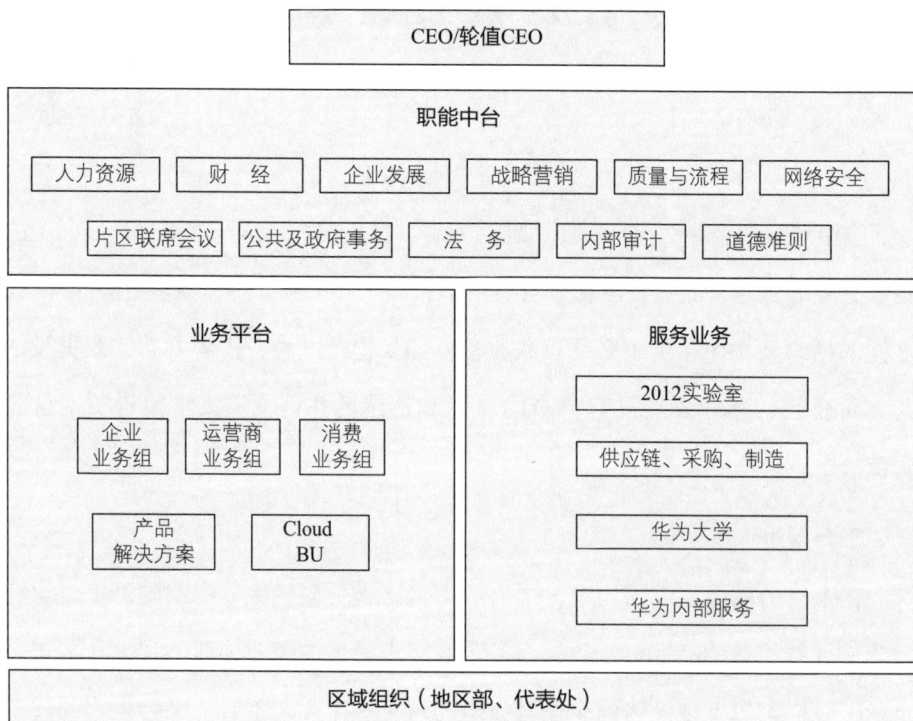

图 3-4 华为公司的组织架构

① 为了把华为打造成一个学习型组织，华为进行了各方面的努力，2005 年正式注册了华为大学，为华为员工及客户提供众多培训课程，包括新员工文化培训、上岗培训和针对客户的培训。——编者注

　　平台型组织是未来组织设计的重要趋势。阿里巴巴也是一个典型的平台型组织，被形象地称为"宝宝平台"。阿里巴巴习惯于通过挑战组织设计驱动和支持业务变化，其早期的组织设计强调业务突破，中期的组织设计强调灵活创新和防范风险，而现在的组织设计更强调组织的灵活敏捷。

　　接下来，我们来看看阿里巴巴的组织架构（见图 3-5）。2015 年张勇推动了"大中台、小前台"的组织战略。在这个架构中，天猫、淘宝、聚划算属于小前台，负责人直接向 CEO 汇报。阿里巴巴的创新业务也是直接向 CEO 汇报的，如闲鱼和盒马。前面我们介绍过创新业务的特点，创新业务在前期很难给企业带来可观的营收，需要一个较长的孵化期，并需要给予人才、研发、市场等方面的资源支持，这就意味着不能把创新业务放在大前台孵化，否则很难成长。所以企业的战略性创新业务需要从成熟的事业部中独立出来，直接向 CEO 汇报。

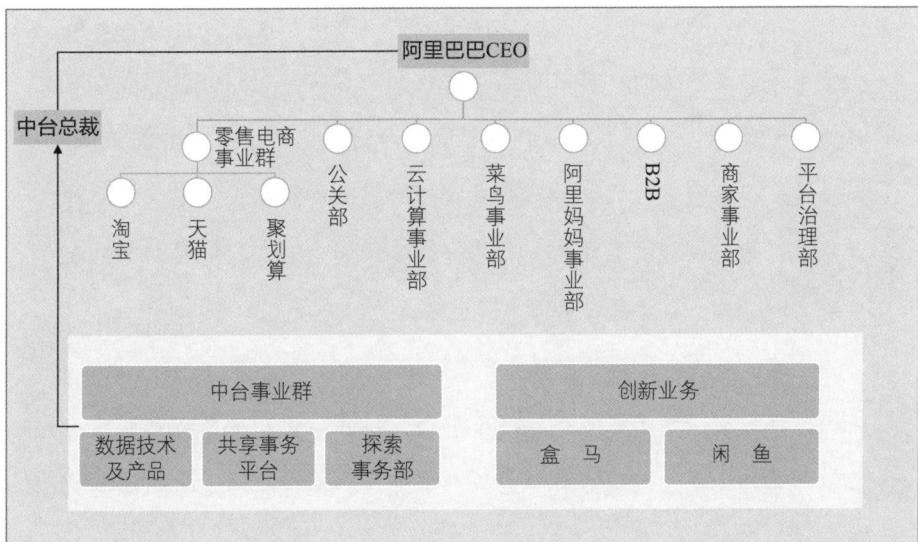

图 3-5　阿里巴巴的组织架构

阿里巴巴还有一个业务中台系统，也是直接向 CEO 汇报的。这个中台是指挥中心，由指挥中心向各个小前台赋能，同时小前台又非常灵活，能够临时做出多种决策。这样的结构其实就是一个敏捷型组织。敏捷就意味着让首先接触市场的那些人能够对市场的情况和变化做出快速反应，然后迅速地做出决策，而无须进行层层的信息传递与审批。

我有一个企业客户，这家企业的员工人数已经超过 1 万名。该企业的组织架构参照了阿里巴巴的组织架构，设计了自己的大中台、小前台。当看到这家客户的组织架构图时，我发现这家企业只有许多个小规模事业部，但没有大中台。

每一个事业部都是独立的，事业部下面的技术、行政、人事、财务都有独立的管理体系和核算体系。也就是说，每个事业部其实就是一个很完整的内部创业企业。企业理解的大中台就是总部，总部会给各个事业部资源支持，并且占有一定比例的股份。我觉得这是对大中台的一大误解。因为总部对于各个事业部的角色就只是一个投资方，而不是一个赋能者。因此，在所有收租金模式的组织设计中，总部对各事业部的控制能力会非常弱。总部想要传递企业文化的目标就很难实现，而且各个事业部与总部之间也缺乏这种纽带。

正确的做法应该是什么样的呢？

数据方面：业务是一个一个小前台，但是一定要把各个事业部的数据整合在一起。数据中台是由总部管理的，总部为各个事业部提供数据标签和支持。

技术方面：由总部统一分配到事业部做技术支持，这样可以减少人才的浪费和部门的冗余。

财务方面：由总部支持各个事业部，虽然事业部也会有自己的财务组，但是要至少安排一个总部的财务协助进行资源的分配和整合。

人事方面：各个事业部可以有自己的人力资源业务合作伙伴（Human Resource Business Partner，HRBP），也可以自主招聘，但是整个人力资源系统应该作为一个总部中后台支持各个事业部，如人才发展计划、职级体系与绩效管理，这些都应由总部统一规划。

这才是真正的大中台和小前台。

平台型组织的优点：第一，能够把总部从具体的日常事务中解脱出来，让各个事业部拥有独立自主的权力和空间；第二，事业部能够灵活地应对市场做出反应；第三，大中台能够保障企业总部的稳定发展，能够让总部的战略和文化得到一定的传承；第四，需要超级管理者把控方向，同时事业部制的平台需要聚集超级合伙人，也很容易培养出高级管理人才。

平台型组织也有一些缺点，具体如下。第一，总部对分部的管控可能会有问题。对于这个问题，解决建议是在组织架构上要求包括人事、财务、技术条线必须向总部单独汇报。第二，各个分部之间的协同问题。因为各个事业部相对是比较独立的，企业可以通过一些内部的协同流程和协同文化弥补这一点。第三，规模特别小的企业并不适用平台型的事业部制。比如，只有100人规模的企业要设置多个事业部，不仅不利于企业成长，还会产生大量的人员冗余。

生态型组织

一般研究认为，生态型组织是平台型组织的升级版。平台型组织聚集了大量的资源，而简单的控制资源并不能带来更多的资源和发展。生态型组织整合了各方的需求和利益，是一个具备吸引资本、合作伙伴、供应商、消费者共生共存的生态网络。典型的生态型企业如谷歌（见图3-6）、沃尔玛、大疆，其生态型组织结构有两种具体形式。

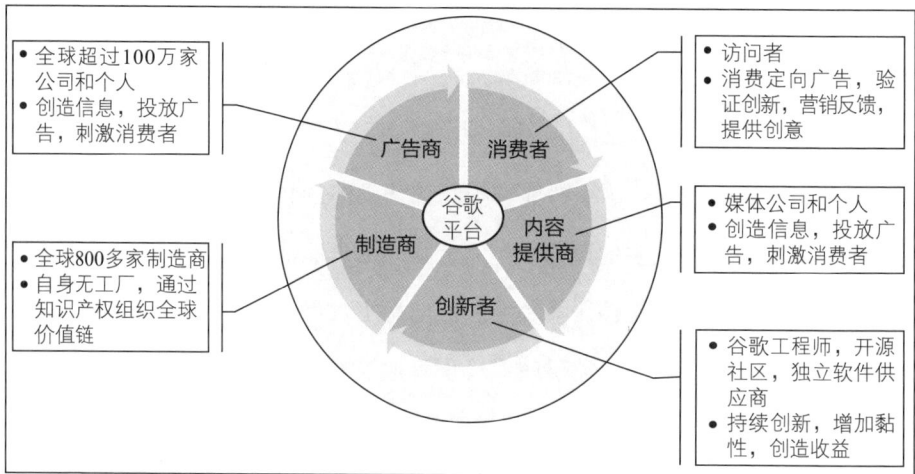

图 3-6　谷歌生态系统

1. 扁平状生态型组织

拼多多就是这种模式的典型企业之一。拼多多的 App 上有很多功能，如学习功能、下单功能、娱乐功能，还有购物和付费功能。有些企业的组织结构是根据 App 的布局来设置的。比如，针对支付模块就有一个支付功能的部门，针对学习模块就有学习部门，针对娱乐模块就有娱乐部门。其策略就是各个部门根据 App 的板块来设置，手机只是一个入口，然后形成一个生态。拼多多的组织结构中有很多一线部门，这些部门都是针对 App 上的模块而设定的。拼多多的组织结构也是非常扁平化的，CEO 负责众多部门。

2. 网状生态型组织

这类组织处于网络中间，是一个负责整合生态链的组织，在网络的辐射范围内整合上下游供应链企业，如生产、研发、市场营销、设计，这些都属于它的生态企业。这类组织与整个生态链中的企业不是隶属关系，而是合作、协同关系。

什么样的企业会采用这样的组织结构呢？我们以大疆为例，大疆的主要产品是无人机，是中国"走出去"的成功品牌，目前占据全球无人机市场 70% 的份额。在组织结构上，大疆按照全球化企业管理的模式，将企业的核心职能布局全球化，物流中心设在中国香港特别行政区，研发中心设在中国北京，软件开发在美国硅谷，产品创意中心在美国洛杉矶，公共关系事务中心在美国纽约。

网状生态型组织是按功能进行分工的，内部功能和外部协作相结合，灵活性相对较高，能够充分利用资源，并且不全由自己承担运营成本，通常一部分工作采取外包或参股的形式。其实小米公司与生态链中的合作伙伴就是网状生态型组织的关系，如小米智能家居很多都不是小米公司自己生产的，小米公司有很多参股但不控股的生产合作伙伴。

灵活的小团队

灵活的小团队，又称团队结构，我们可以将其理解为许多个项目组。小团队管理的典型代表是谷歌，管理者是观点的收集者而不是决策者。谷歌的内部人员调配采用 7∶2∶1 的分配比例，几乎所有项目组都是由用户体验设计师、项目经理和开发人员组成的。这些项目组中有最密集的分工，比如运营、设计、营销可能都在一个项目组，通常是围绕一个产品或一个设计成立的项目组。在小团队的外围，还有很多为这个项目组服务的组织，如人力资源部的服务共享中心、行政部门、财务部门，以及企业的研发部、数据中台等。

服装行业的竞争非常激烈，为了应对快速变化的市场需求，互联网本土服装品牌韩都衣舍不仅将职能平台化，还打破了原有的组织结构设计方式，将人员组建成众多独立的 3 人产品小组，开创了数字化组织结构的新模式（见图3-7）。

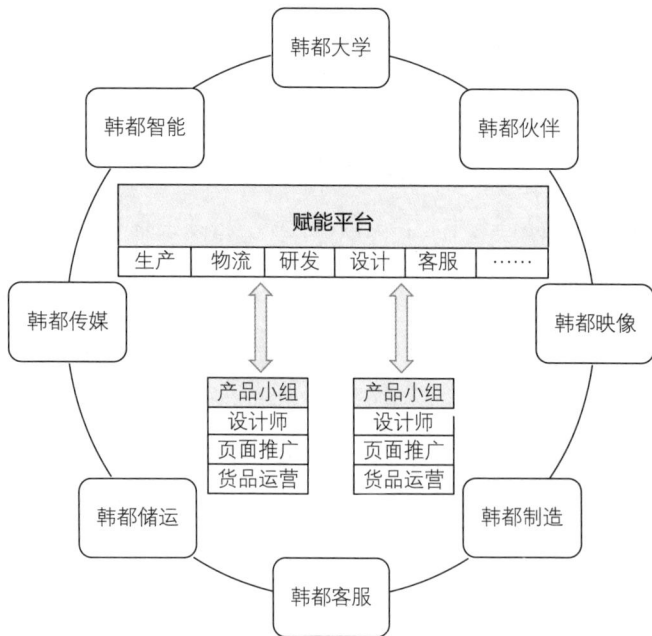

图 3-7　韩都衣舍的组织结构

在韩都衣舍，一个以产品小组为核心的单品全程运营体系中，有一个有力的赋能平台，包括生产、物流、研发、设计、客服等。此外，赋能平台还有许多小团队。例如产品小组，每个产品小组中都有设计师、页面推广和货品运营（库存管理），这样就形成了由许多个小项目组组成的创业团队。这样的企业鼓励团队提出新创意，并且也愿意从员工那里获得新想法，员工的积极性和参与感非常强。从图 3-7 中我们可以看到，这个组织结构的最外面又是一个全赋能中台和小团队，包括韩都客服、韩都制造、韩都大学、韩都储运等，它们都是为整个组织提供成长土壤和发展生态的。

我们发现，虽然韩都衣舍的组织规模已经扩大至几万人，但它的组织结构并不臃肿。它有许多个小规模的创业团队，即在企业内部形成了一个很好的生态，其组织结构就是一个组织生态。身处其中的每一个人都会感觉自己是在这家企业的平台上创业，小团队的营收利润与品牌的渗透情况都是重要的考核指标。这种组织结构设计是目前比较流行的一种方式，它削弱了各个部门的职能性，完全按照项目进行分工，是一种组织灵活、协同性高、创业氛围较强的组织形式。

小团队的主要特点是扁平化、分权、分散和反应速度快。每一个项目组的组长或项目经理都像小企业的创始人，每一个项目组就像一个个小的阿米巴。在这样的组织结构中，为员工授权非常重要，因为它减少了从高层到底层的管理链条，是以团队认为最佳的合作方式来完成每一个项目，员工自身也承担了相应的风险。当然，这种组织结构对员工的要求会比较高，员工要有经营意识，这需要企业在前期做一些赋能。

小团队组织结构设计的缺点是流动性比较大。员工大部分时间是在项目组里，如果项目组负责人的经营管理水平不佳，通常情况下，员工的流失率会比较高。

对企业来讲，小团队的组织结构对项目与项目之间资源协调的要求会比较高。其实，在扁平化组织和平台型组织内部都有很多这种灵活的小团队组织。比如，从外部看，华为是一个平台型组织，但其内部也有很多的项目制小团队，很多人也都不在职能架构中，而是在项目组中。研发、市场、法务、运营，可能大半年甚至一年的时间都在一个产品的项目组里，所以华为内部又是一个个小团队。

小结

接下来，我们总结一下组织结构设计的应用特点。传统组织结构设计关注角色、关系、流程与汇报线，通常针对科层制、股份制或设置有多个事业部的组织结构，聚焦于组织结构的整体稳定性。我们从上述 4 个组织结构的分解与案例中可以总结出，数字化时代的组织结构设计都有一个共同点——敏捷。

组织如何体现并适应数字化时代对敏捷性、灵活性的要求呢？答案是实现组织结构扁平化，分权并赋能员工。数字化组织结构设计对员工的自觉性和责任感要求会比较高，所以一个组织的文化其实从组织结构中也能体现出来。"排兵布阵"就是企业想要实现怎样的战略就要匹配什么样的组织结构。华为提出将组织结构设计从以功能为中心转变为以项目为中心，这样组织管理更灵活、决策层级更少，可以随时呼唤一线"炮火"。所以数字化组织结构设计也强调了组织结构应随着企业战略的改变而调整，没有一成不变的组织结构。

搭班子的原则

组织成员的构成一定要讲究搭配原则。随着组织规模和业务范围的扩大，组织要求一人承担多个角色，而团队中没有人是完美型的，只有相互协作才能弥补短板。团队需要将不同角色的成员进行搭配与组合，从而充分发挥团队协作的积极性，具体搭配与组合考虑的因素包括年龄、知识结构、性格等。

新旧搭配

新旧搭配是指新员工带老业务，老员工带新业务。通常来讲，企业的老业务已经比较成熟稳定，团队的成熟度也都比较高，即使由新员工负责成熟的业务也不会出现太大的问题。虽然老业务可以为新员工输送一些资源，但是企业需要为新员工预留一定的成长时间，不要急于收到立竿见影的效果。相较之下，新业务通常是从无到有的突破，这是最难的，也是最有挑战性的。这时一定要有一员猛将挑大梁，既要有管理能力，又要有业务开拓能力。新业务还需要一些人事、财务以及市场客户方面的资源支持。老员工在大企业是能够"刷脸"的，可以为新业务带来更多的经验支持，比较容易实现向领导要资源、向兄弟部门要协同，这对新业务的成长会大有帮助。企业管理者在设计组织结构时如果能够遵循新旧搭配的原则，就能在保持优势的同时发展新业务，促成新老业务多线发展。

性格互补

一个团队的整体力量绝对不是各个成员能力的简单求和，而是不同特长、不同性格的成员互为补充，所以团队需要用包容的心态接纳不同性格的成员。性格互补通常是指上级与下级、正职与副职、业务与搭档的合作伙伴之间能够性格互补。比如，业务主管是典型的猫头鹰型人格，做事理性、擅长分析，但其缺点是缺乏感染力，不善于给予下属肯定，团队的士气不容易被带动。这时需要配一个老虎型或孔雀型人格的搭档，这类人的感染力与表达能力卓越，容易号召并且影响一群人，这样的两类互补型人才搭配在一起就是比较合适的。

攻守搭配

如果团队主管具有进攻型人格，那么最好搭配一个冷静型、防守型或稳健型人格的搭档。进攻型人格的人做决策很快，行动力很强，一旦想法成型就要求立即行动，但是往往没有综合、全面地考虑问题，很多时候甚至没有意识到潜在的风险，只是认为要尽快落地执行，他们看到的都是事情积极的一面。如果搭配一个冷静型、防守型人格的搭档，就可以提醒他可能会遇到的风险，然后提前做好风险预案，这样团队就不会走弯路。否则，就会出现这样的情况：团队成员都很勤奋、有激情，但是做了两个月后却发现绩效没有增长。这其实就是用战术的勤奋掩盖了战略的懒惰，即思考不够、行动太快，出现了虽然付出很多却没有得到相应回报的情况。这个问题在组织结构设计搭配中应予以高度重视。

招聘的核心要素

在前文中我们讲述了组织搭配的主要原则，接下来我们讲如何为企业发展找到合适的人才。当组织业务扩大到一定程度的时候，比如为了上市的前期准备，企业会有大量的人才需求。对招聘者来说，如何在短时间内招到合适的优秀人才，可以参考以下 3 个锦囊。

超高的人才密度吸引人才

超高的人才密度是指在团队里优秀的人越多，就越容易招聘到优秀的人，因为优秀的人会吸引优秀的同类。奈飞在人才管理上有一个准则，就是要求每一个岗位都要招聘一个高度匹配的人，而不仅仅是一个基本合格的人。面试一个人，看似企业在面试应聘者，其实应聘者也在考察企业和面试官："这个人配做我的老板吗，足够优秀吗？"如果应聘者觉得你不怎么样，就不是你没有选中应聘者，而是应聘者没有选中你。阿里巴巴当时能够吸引关明生加入，虽然有高管的人格魅力，也有企业蓝图和愿景的因素，但还有一个很重要的因素，那就是此前公司已经引进了核心人才蔡崇信。与关明生第二次见面时，阿里巴巴的高管是带着蔡崇信一起见面的。像蔡崇信这样优秀的人才都愿意加入阿里巴巴，其中一定是有原因的。关明生认为自己和蔡崇信是同一类人，都是世界500强企业的高级经理人，都认可阿里巴巴"让天下没有难做的生意"的使命，并且愿意帮助企业实现这一愿景。

奈飞是全球市值最高的流媒体企业，2021年奈飞市值达到2800亿美元。奈飞的第一条文化准则是"我们只招成年人"，这句话很有意思，难道这么多企业招聘的都是未成年人吗？所谓职场成年人，是指拥有积极、主动心态的人。不过，很多企业招聘的员工很多是成年人却有未成年人的心态。

职场成年人知道，每一份工作是在为自己而做。今天做的事情，我是不是学到了经验，我是否成长了，不是说我多做了我就吃亏了，而是因为多做了从来都不吃亏，多做就能积累经验、能力得到成长、人际关系得到巩固。所以这是经营自己，是经营成一个人生的大产品战略，所以奈飞企业招的"成年人"是能够自我驱动、自我成长，知道自己要什么的人。

企业不要羡慕奈飞和谷歌没有绩效考核，因为当企业足够优秀时，他们招聘的是根本无须考核的优秀人才，这些人才不是为了所谓绩效而来，而是如果不能让自己创造更大的价值，他们就没有成就感。如果企业也觉得他们已经不能发挥更大的价值，不能和企业一起改变世界，那么企业与个人随时会分道扬镳。不只是谷歌、奈飞，字节跳动、阿里巴巴、腾讯也是这样，优秀的员工不是考核出来的，没有梦想驱动的员工才是被考核的对象。

理性的裁员也是对人才密度的改善。对小企业来说，团队不够好怎么办？增加人才密度最便捷的办法是精减平庸的员工，留下优秀的人才，用优秀的人才吸引更优秀的人才加入。小企业要想吸引优秀的人才加入，首先要问自己这些问题：我的企业是否值得拥有优秀的人才？小企业应该拿什么吸引优秀人才？企业的使命是什么？使命是否宏伟？管理层格局如何？只想赚点钱吗？自己是否足够强大？能否让别人学习到很多东西？优秀的人才在这家企业里每天都能看到新的希望吗？没有一家企业一开始就是巨无霸，很多独角兽和巨无霸都是从小规模做起来的。百度公司的创始人李彦宏是海归，是优秀的技术人员，在硅谷绝对是找工作不愁的人。他回到国内创业时也招不到优秀的人才，也是从大学招聘应届生，然后自己负责培养新人的专业技术，最后把应届"小白"培养成技术"大牛"。所以企业管理者不要想着天上掉馅饼，只有先做强自己，做好培养人才的计划，才能通过愿景与使命去吸引优秀的人才。

让招聘部门具备业务思维

很多招聘人员都会遇到这样的情况，自己付出了很多，招来的人却不是业务部门需要的。为什么会出现这种情况呢？根据我的观察，主要原因是招聘部门没有真正地了解业务部门的需求。他们所做的工作很难为业务部门创造价值，反而成为一种额外的负担。

管理在本质上是一个重在沟通的工作。所谓懂业务，不能仅仅停留在了解部门业务内容和运作模式，更多的是找到人事部门如何助力业务部门打造高绩效团队、持续高绩效的途径。因此，让招聘部门具备业务思维，就是要让招聘人员更懂业务，这样招聘来的人才会匹配度更高，才能在团队搭建、人才选拔、人才激励等方面给业务部门提供更多建设性的意见。

随着阿里巴巴人力资源业务合作伙伴（HRBP）制度的建立，很多用人部门的人才招聘工作实际上落到了部门的 HRBP 身上。阿里巴巴要求 HRBP 扎根业务部门，既要懂业务，了解部门内部情况，又要懂人力资源管理。只有这样，实施人才招聘的效率才会更高，对人才选拔的判断才能更精准。

> 我在阿里巴巴做人力资源负责人时，手下一位 HRBP，有一天苦丧着脸来找我。她向我诉苦："我实在做不下去了，我没有办法担任这个事业部总监的招聘专员了。"
>
> 看到她那么沮丧，我很耐心地询问她："怎么回事，看起来那么沮丧。"

　　她向我详细地描述了问题："总监对我说，他要的人很急，让我这个月一定要招到 10 个这样的 P6 进来。当我把简历收集过来，筛选完之后，我让他安排面试的时候，他总是不理我，微信也不回，钉钉也不回，打电话也不接。我没办法了……"

　　我安抚她："看来你需要换一个部门了，你先等一等。"

　　为了了解事情的真正原因，我约了总监面谈。

　　我首先试探他："估计你现在根本不需要一个招聘人员，你自己去找人就可以了。我准备把你的招聘专员调走。"

　　总监一脸疑惑："怎么会这样？我没说不需要招聘专员，你不知道我用人很急吗？"

　　我反问他："你是用人很急吗？你用人很急的时候，为什么总是不参加面试呢？为什么总是不回招聘专员信息？"

　　连续三个反问仿佛让他一下子找到了吐槽点。

　　总监向我吐槽道："你不知道，那个招聘专员根本就不了解我的业务。我已经明确地告知她需要招聘的人才画像，我都恨不得直接画个图给她。可是每次招进来的人，都不是我想要的人。"

　　我理解了他不积极参加招聘的原因，向他提出了这样的建议："好。如果是这样，那么我建议你让她参加你们部门的业务会议、总结会和战略讨论会，想要让她了解你们部门的业务，首先要把她变成你的业务人员。"

　　随后，我就安排招聘专员参加了总监主持的各种会议。一个多月后，两个人的关系明显融洽了，配合也默契了。

总监也很满意，最后他向我反馈道："我现在对我的招聘专员很满意，她现在终于知道我想要什么样的人了。"

优秀的员工是"免费"的

优秀的员工是"免费"的，平庸的员工是昂贵的。我们在招聘时经常会遇到这样的问题：一个人条件很好，岗位能力非常匹配，但是薪资要求很高，按照企业的薪资范畴和预算限制给不了这么高的工资，关键是企业也不可能为这个人破例。人力资源部门还会有这样的担忧，如果把他招聘进来，不仅会引起内部的不平衡，还会打击其他员工的积极性。

请思考以下问题：你认为什么是公平？给每个人都支付差不多的薪资是公平吗？这才是最大的不公平！因为每一个人的贡献是不一样的。

在数字化时代，我们会发现一个真正的优秀员工可以完成整个团队50%～80%的业绩。尽管企业需要向优秀的员工支付很高的薪酬，但是他们所创造的价值贡献远远高于他们的劳动报酬。在谷歌，一个优秀的技术人员所创造的价值是十几个人甚至几十个人所创造的价值之和。想想看，这样优秀的技术人员的工资到底应该给多少？应该给他一个人的工资，还是给两三个人的工资，还是说只能比平均线高出20%？

优秀的员工是"免费"的。即使给优秀的技术人员支付普通技术员两倍的薪资，但他为企业创造了比薪水多出数倍的价值。但是招10个平庸的人，给了相同区间的薪资，贡献相对少，这样的用人成本反而更高。

招聘的能力模型

我们经常强调"选人比培养人更重要"，尤其是优秀的人才、短缺的人才。员工能力是企业组织能力建设的重要基础，这也决定了企业能否找到理想的人才。在招聘过程中，企业应该考核应聘者的哪些能力呢？

冰山理论模型

有种说法，"一个组织犹如一座冰山"。冰山理论模型（见图 3-8）是由美国心理治疗大师弗吉尼娅·萨提亚（Virginia Satir）提出的一个自我成长模型，是指一个人的"自我"就像一座冰山，我们能看到的只是表面很少的一部分行为，而更大一部分的内在世界却藏在更深层次，不为人所见，恰如冰山。

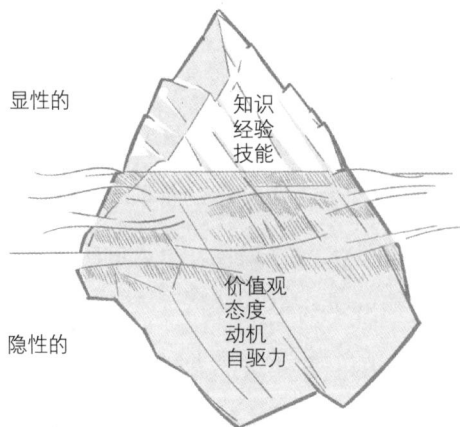

图 3-8　冰山理论模型

一个人的能力正像这座冰山一样。冰山上面的能力属于可见能力，如知识、经验、技能，这些是最容易通过面试发现的，也可以从简历上看到一些。最难的是冰山下面的隐性能力，一个人的价值观、态度、动机、自驱力是最难考查的。这些能力要素很重要但又不容易被看到。很多面试官都在面试冰山上面的能力，看到能力很强、经验也很丰富的应聘者，就判定这个人就是企业想找的人，不再考查冰山下面的能力。但是分析一下那些离职的新人，我们可以看到他们离开的原因并不是因为能力不匹配，也不是因为经验不匹配，而是因为不能融入企业，不热爱自己的岗位，不认可同事的价值观。

阿里巴巴的企业文化强调，"今天最好的表现，是明天最低的要求"，即每天、每月都要给自己设定一个有挑战性的目标。一般企业每年增长 10% 就已经很满足了，很多外企也不追求高速的增长，每年大概 20% 的增长就是很不错的成绩。如果一个阿里巴巴的员工跳槽到一家经营风格比较保守的企业，就会很不适应，大概会有这样的心理："天啊！在这里我感觉不能发挥自己更大的价值，没有拼劲，也没有激情，一切都按部就班。"成熟外企的管理体制一般很稳定，海外分支机构只需按照总部架构执行即可，无须更多的创新，也不需要突破性的试验。一个在成熟外企工作的人跳槽到互联网企业，也许很难适应后者的工作环境，因为成就动机不同。

同理，一个在成熟外企工作的人加入阿里巴巴也会很难适应，因为他会觉得这家企业太疯狂了。上个月的业绩目标是 10 万元，这个月的业绩指标就是 20 万元。这样的增长令人匪夷所思，新员工也会觉得不可思议，认为其计划制订缺乏科学性与规范性，甚至还会感慨，阿里巴巴这么大的企业流程怎么会不健全，有众多漏洞。奇怪的是，这么多的聪明人都没有想过钻漏洞。因为企业的价值观不允许，起着约束作用，不会让人钻研这些漏洞。正因此，选人、用人的能力模型，是冰山下面很重要的隐藏能力。

胜任力模型

很多招聘者会遇到这样的问题：原计划要招一个造轮船的人，面试后感觉这个人连航空母舰都可以造，上岗后却发现他连螺丝钉都拧不动。很多企业的胜任力模型都是对能力的描述，比如进入产品部，需要哪些商业思维、产品体验等。能力要求都写得非常细，但是胜任力模型只写到能力层面是不够的，一个完整的胜任力模型应该包括专业能力、通用能力和个性特质。

专业能力

每一个岗位都需要专业能力，是指员工所从事岗位的工作职责所需要的相关知识与技能，包括但不限于技术研发能力、产品运营能力、人力资源能力等。

通用能力

通常，企业对核心员工的通用能力要求更高。只要进入这家企业，不管担任哪个岗位，都要求具备的能力，比如学习和解决问题、结果导向、团队合作、效率、人际沟通等能力。

个性特质

个性特质是一个人的性格特点等，包括但不限于一个人的价值观、文化认同、为人处世风格等。大多数企业在招聘时没有考虑到个性特质。招聘不仅是为了满足岗位需求，更是为了招人。公司是一个能量场，与团队文化、价值观不匹配或不兼容的人，无法适应公司文化，最终会被公司淘汰。阿里巴巴要求个人有四大特质，一是聪明，智商和情商都要高；二是能够自省，每次都能够复盘和反思哪里可以做得更好；三是皮实，抗压能力非常强；四是乐观，能够通过困难看到机会和突破点。

STAR 面试法

通过胜任力模型，我们把用人的标准已经梳理清楚，接下来我们要做的是用什么方法面试出这种能力。STAR 面试法（见图 3-9），又称行为面试法，是一种大部分世界 500 强企业都在使用的面试方法。STAR 是 4 个英文单词首字母的组合，具体是指在什么样的情境（situation）下，有一个什么样的目标（target），然后采取了哪些行动（action），最后得到一个什么样的结果（result）。

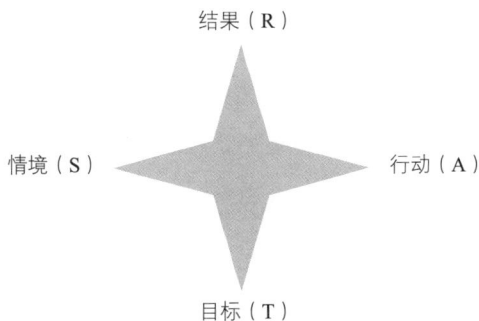

结果（R）

情境（S）　　　行动（A）

目标（T）

图 3-9　STAR 面试法

行为面试法经常用到的方式就是让应聘者举例子。举例子通常是建立在对一个近期行为辨识的假设，这能够反映一个人的逻辑，通过逻辑判断一个人在过去是怎样处理一件事情的，并由此预测在未来他可能采取这样的类似行为。一个人的思维模式与思考习惯基本上是固定的，很少随时调整。所以我们通常会用最近的一些事件推测应聘者的未来行为。

这些问题需要深度思考，仅靠临场发挥是远远不够的。我会建议每个岗位，特别是招聘量比较大的岗位，可以设计一些面试问题库，把某个岗位需要的能力特质和性格特质清楚地写下来，然后通过设计环环相扣的问题，使用 STAR

面试法方式来验证一个人的能力和潜力。

我们来看一个面试抗压能力的场景案例。

如果面试官问："你觉得自己的抗压能力怎么样？"这样的问题应聘者没有其他选择，为了正面展现自己的优势，应聘者一定会回答："我的抗压能力还不错。"这个问题到此就结束了吗？当然不是！这时面试官要用 STAR 面试法马上追问："那么你能不能举一个例子，证明你的抗压能力？"这样应聘者就会陈述，在什么情况下，遇到一个什么样的困难，最后是如何解决的。然后，面试官要继续追问一些细节："你在当时的压力下，是如何调整自己的状态的？你花了多少时间进行自我调节？"

记住，采用行为面试法时，面试官一定要让应聘者举详细的例子。面试的过程其实就是一个"造假"和"打假"的过程，应聘者容易造假，面试官要懂得如何打假。

表 3-1 是一些常见的行为面试法的提问，希望可以给大家一些直观的感受。

表 3-1　行为面试法示例

考核点	示例提问
分析与解决问题的能力	请给出一个事例，表明你在面对非常复杂的情况时是如何分析和解决问题的？
应变能力	谈谈你在工作中不得不适应变化的经历，具体是怎样的变化？结果如何？
客户第一	你的客户是谁？需求是什么？请给出一个你为客户创造价值的例子。
学习能力	没有人是从不犯错误的，除非不做事，请说说你近期最失败的一次项目经历是什么？你从中学到了什么？这对你后来的工作有什么影响？举例说明。

面试易犯的 3 种错误

通常企业在招聘和面试过程中，常常会犯错误，以至于招聘到的人不能匹配组织设计预期的效果。这些问题主要体现在以下 3 个方面。

过早地下放招聘权力

有的时候，企业的招聘量激增后招聘专员会非常繁忙，招聘部门就会授权主管或业务骨干主持面试。这就如同让一个刚考取驾驶证的人在高速路上开车，是很危险的。招错人比招不到人更糟糕，因为对企业而言，把一个不合适的人招聘进来就是一场灾难。一个新人的招聘是有成本的，入职不久后又离职，这对团队来说，不仅会动摇人心，还会给其他员工造成不安全感。

> 每一位员工的离职对团队来说都会产生负面影响，对其他员工的心理也会造成一定的影响。所以面试一定要慢，进人、招人上"车"一定要慢。

> 我曾负责一个咨询项目，招聘的都是销售人员，这家企业的招聘策略是"快进快出"，即面试时不严格把关，只要应聘者有意愿就录取，然后一个月内达不到业绩目标就解雇。这样的招聘策略已经实行了多半年，他们投入很多时间招聘进来的很多人又离开了，即出现了"入职即离职"的情况，负责人也很苦恼。留下来的那些人肯定也会受到影响，具体表现为当新人进来后大家变得漠不关心，因为面对人来人往的新人，大家都麻木了。本来一个新人加入团队应该有一个教练或者带教师父，现在大家觉得有可能过两天新人又走了，所以没必要把新人当作身边的伙伴。还有一些人会产生离开这家企业的想法，因

为觉得这样的企业留不住人。快进快出看上去不用那么严格的面试，因为时间短也不会发生太多的成本。其实这种想法是非常错误的，因为新人入职后要配备办公设施及相应办公用品，会产生管理成本、沟通成本、团队融入成本，还有新人离职带来的副作用，都会产生无法用数字衡量的隐性成本。

每位看似普通的员工都有可能成为企业的一员大将，老板只要有时间就应该参加面试，因为通过面试可能会发现一个未来的"接班人"。在阿里巴巴已经上千人的规模时，即使保安都要经过阿里高管的亲自面试，其中一名当年的保安现在已经成长为阿里巴巴的产品经理。很多人会好奇保安是如何逆袭成为产品经理的？在面试时，面试官觉得这个保安和别人不一样，做事爱动脑子而且对事情保有好奇心。面试官由此判断他是一个很有发展潜力的保安。后来的事实发展证明确实如此。

那时我们在开销售会议，这名保安巡逻时也会站在门口听而且会做笔记，这表示他很好学。这名保安还会听产品部的会议，并且一直等到会议结束他才离开。最后，他发现自己最大的兴趣就是做产品，而且产品部门有几次都自然地把他当作会议的一员。其间，这名保安还会提出自己的想法，完全忘记了自己只是一名保安，最后公司决定让他做产品经理助理。后来慢慢地发现，这个人真的很适合做产品，他现在已经是产品部的负责人。

换一个思路来看，如果这名保安是由保安队长面试的，有可能队长认为他不是一个合格的保安，可能都没有机会发生后面的故事。

每一个 CEO 只要有时间，都应尽可能把关每一个进入企业的员工，说不定能够发现一个未来的 CEO。阿里巴巴的首席人力资源官（CPO）童文红在加入阿里巴巴时应聘的是公司前台。按照前台岗位的普遍招聘标准，30 多岁、大专学历、长相一般的女性，这样的应聘条件并没有特别突出的优势。如果当时是一个行政经理面试，童文红可能就不会在阿里巴巴任职。因为前台基本上都是年轻、漂亮的小姑娘，很难面试年纪大的人。但是当时阿里巴巴高管作为面试官认为，她不是一般的前台，因为她不仅做事情很爱动脑，而且对自己未来的发展规划很清晰。虽然童文红不知道自己未来会成为阿里巴巴的 CPO，但是她给自己设置过成为行政中心总监的目标。

面试问题太随意，鼓励造假

面试问题太大或太多理论式的问题，即面试问题太随意，这类问题会鼓励造假，如"你的抗压能力如何？""你觉得你曾经的工作优秀吗？"面试官要用心设计好面试问题，不要靠自己的临场发挥。

人手不够，招人成为首选，组织人员冗余

一旦给部门增加新的职能或者团队中有人离职，管理者在第一时间经常会想到招聘新人。管理者要改变"事情增多就想到招人，有人离职就想到招人"的思维。其实可以想想看，在一个人都不增加的情况下，能不能把事情完成？根据组织冗余理论，不论企业规模大小，每个组织总有人员冗余。也就是说，企业有一些人在做杂活，这些人甚至可有可无，完全可以优化分解掉。

前面介绍的增加人才密度的方法就是很好的优化方法，这种方法不仅不会

对团队产生任何负面的影响，反而会增强员工的满意度和团队奋斗的氛围感。所以管理者要思考如何在人员不增加的情况下，通过优化流程、重新分工或者其他方式解决这个问题，而不是把招聘新人作为首选项。

新冠肺炎疫情期间，很多人只能居家办公，有人认为这会影响工作效率。但是有些企业管理者很惊讶地发现，在人员少了的情况下，团队的业绩依然不受影响，团队的工作节奏在稳定地向前推进。于是发现，其实并不是团队一定需要这些缺岗的员工，有些人是可有可无的。这又再次印证了前面的观点。

所以请优化你的人才结构，不要把招聘作为首选项。

如何解雇员工

选对人比培养人更重要。教一只火鸡上树和让一只松鼠上树，哪个更容易？阿里巴巴的企业文化中有一条是"心中有爱，眼中有人，手中有血"。"心中有爱，眼中有人"，是指不能眼中只看到业务数字和绩效指标；"手中有血"，就是合适的人进来，就要培养他、爱护他、关心他；如果是不合适的人，就要让他离开。其实这对员工也是好事，待在不适合自己发展的企业，也会浪费才华。这与阿里巴巴企业文化中宣称的"从来没有开除过人的管理者，不是一个合格的管理者"是一脉相承的。

组织管理中另一个棘手的任务就是解雇员工。虽然我们在前文讲过企业一般会有冗余人员，但是对所有管理者而言，无论如何解雇员工都是不太愉快且令人尴尬的经历。企业到底应该请哪些人离开？

阿里巴巴从业绩和价值观两个维度，把员工分为以下 5 类（见图 3-10）。

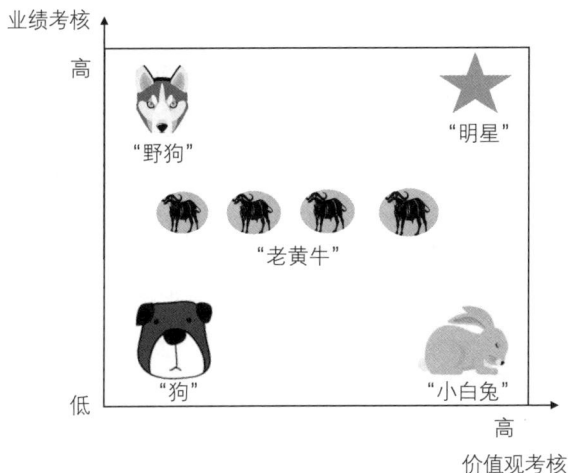

图 3-10　阿里巴巴的员工分类

"明星"

这类员工在企业中仅占极小的比例，是企业的顶梁柱和生命线，负责企业大部分的业绩产出，收入也处于企业薪酬中的头部，价值观基本符合企业的价值观考核标准。有研究表明，"明星"员工可以带动周围员工生产效率提升10%[①]，这是企业最喜欢的员工类型。还有一种"明星"员工，他们的价值观与企业的价值观非常符合，属于小太阳，可以影响很多人。对这类员工，企业要给他们大量的机会和资源支持。对企业而言，"明星"员工无论在业绩、收入还是影响力方面都十分重要。但是，"明星"员工流失时通常会带领或影响整个团队一起跳槽，导致企业的绩效严重下滑。企业要想尽办法留住"明星"员工。

---

① 李宁，赵海临．怎样做才能不浪费"明星员工"？ [EB/OL][2019-03-05].

"小白兔"

这类员工就不是那么完美，他们的特点是价值观符合企业的基本价值观，但是业绩差，是"指哪打哪，但业绩欠佳"。"小白兔"很可爱，很听话，执行力也很强，但是结果不好。管理这类员工其实最考验管理者的管理水平，因为管理者通常不忍心对其下手。无论从企业角度还是员工自身角度出发，企业要及时淘汰这类员工。针对"小白兔"，企业首先要提供机会和方法，给予其学习、提高的机会。如果"小白兔"依然成长不起来，业绩没有增长，那么就要放弃这类员工。努力了还做不好，说明他们可能真的不适合这个岗位。不要因为心软就把这样的人留在企业。这是最没有责任感的体现，不是一个合格的管理者该做的。把一个不适合的人留在不合适的岗位上，实际上也是在浪费员工的时间。把这样的人留在企业里，会不断地消耗团队和企业的资源。

"野狗"

"野狗"类员工是另外一种极端，这类员工业绩表现很好，业务能力很强，但价值观与企业的价值观严重不符，对团队而言是一个很有破坏力的人，会严重影响对团队的士气。面对"野狗"，阿里巴巴的做法是直接开除。

"野狗"类员工为了得到结果经常不顾团队其他成员的感受，经常会打击一大片，刺激他人抢资源，坑蒙拐骗。这样的人一定不能留。用人单位要做的，是永远不要把一个人的价值放大到高于整个团队的价值。团队是最重要的，只要是破坏团队的个人，一定要请他离开，否则得不偿失。

蒙牛的创始人牛根生曾说："有才无德，坚决不用。"如果为了短期的利益和业绩，把"野狗"类员工留在企业，实际上就是牺牲了企业未来的利益。因为他们会通过过度承诺、欺骗客户、欺骗伙伴、抢占公司资源，如果企业鼓励依靠这种方式获得业绩的员工，就会把团队中的好人逼成坏人，屈从于业绩比赛。

"狗"

这类员工的价值观与企业的价值观也不符，业绩也很差，有必要留下吗？肯定是不需要，这无须纠结。其实这就是招错人的后果。我们经常说，"你在用人中流的泪，就是当初你在招人过程中脑子进的水"，所以招聘阶段要把好进人这一关。

"老黄牛"

企业中的大部分员工是"老黄牛"，这类员工的价值观刚刚符合企业的考核要求，既没有强大到能够影响别人，绩效也不差，处于所有员工的中等或者中上水平，"老黄牛"很容易得到满足。在人才盘点的九宫格中，这类员工属于企业的中间层，甚至是业务骨干，是企业需要大力培养和发展的，管理者需要不断地挖掘他们素质模型冰山下的潜力和价值。

数字化时代的管理者要发挥赋能作用，要为员工创造一个学习和发展的平台，推动每一个人都能够成为最好的自己。

本节刷新管理金句：

1   每一个人的贡献是不一样的，差不多的薪资是最大的不公平。

2   你在面试应聘者的同时，其实应聘者也在考察你。

3   要吸引优秀的人进来，首先你要问自己值不值得拥有优秀的人才。

4   面试的过程，其实就是一个"造假"和"打假"的过程。

5   有才无德，坚决不用。

6   面试一定要慢，进人、招人上"车"一定要慢。

7   每一个CEO只要有时间，都应尽可能把关每一个进入企业的员工，说不定能够发现
       一个未来的"接班人"。

4

树文化：
塑造员工行为

知识要点：

- · 企业文化与价值观
- · 企业价值观的构建
- · 企业文化落地的 3 个层次
- · 企业文化落地的 4 个抓手

本章我们讲述"树文化"的主题，将介绍如何把企业文化做实。成功的企业既不是靠人治管理的，也不是靠系统制度管控的，而是通过企业文化让企业上下齐心。简单来讲，企业文化是指一个企业倡导哪些行为、鼓励哪些行为、制止哪些行为。首先，我们来观察如下企业困境，你的企业是否也存在这样的问题？

- 文化说在嘴上，贴在墙上，难以落实在行为上。
- 企业战略落地难，员工很难全力以赴。
- 团队如同散沙，工作缺乏精气神。
- 不敢调动管理者，否则他们就会带走一批人。

企业文化与价值观

企业文化的底层逻辑是人的思维习惯、信念系统和心智模式（mental models）。信念是我们如何看待自己、周围、他人和世界关系的模型，最终影响自身的行为。比如，在中国传统文化中，我们认为孝敬长辈是美德，虽然法律没有明确规定不孝敬长辈就会遭到惩罚，但是人们依然会按照约定俗成的方式塑造自身的行为。

好与坏的判断是约定俗成的，这是由人的心智模式决定的。如今的产品营销也在定义消费者的心智模式，无论是补脑、去屑，还是搜索信息、吃火锅解辣等，都有相应的头部产品。这是由人的心智模式影响、无须思考就会自然产生的行为。我们来观察一下个人的心智模式形成过程（见图4-1）。

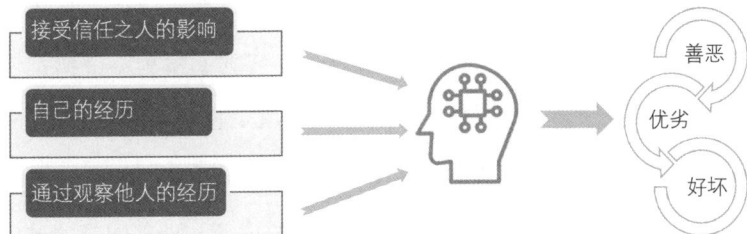

图4-1 个人的心智模式形成过程

一是接受信任之人的影响。如果一个人的家庭成长环境是这样的教育理念："孩子，别那么努力，一个人的命运生下来就是注定的"，那么这个人就会慢慢形成"命运天注定，努力无用"的信念，就很难继续奋斗。而在企业中，这个信任之人可能是直接主管，也可能是同事。

二是自己的经历。比如，一个人由于向客户过度承诺导致自己的客户续签率只有40%，而其他同事的客户续签率高达70%。所以，员工应从失败的经验中建立诚信服务的理念。

三是通过观察他人的经历。如果一个员工在企业中通过过度承诺客户的行为获得了更多的客户，从而拿到更多的业绩奖金，并且逐步得到晋升，那么，其他人也会建立这样的信念："为了拿到业绩可以不择手段，我通过过度承诺也可以实现和他一样的成长路径"。在一个组织中的生存法则也是如此。新员工经常会研究上级是如何成功的。比如，一个新员工和总监走得很近并且很快得到晋升，其他员工通过观察发现该员工经常和总监一起吃饭、聊天，那么是不是迎合总监的喜好也可以得到同样的晋升呢？海底捞的员工观察到带教师父无微不至地为消费者服务后，客户的回头率和好评率很高，师父成为店长，员工自然也会这样为消费者提供无微不至的服务。

企业价值观是对员工行为标准的要求，就是企业要实现什么样的使命与愿景，需要一群拥有什么样的行为标准的一群人。企业战略难以落地，员工不能全力以赴，其原因在于背后的机制，而机制背后就是企业文化。

美国麻省理工学院管理教授、组织文化理论之父埃德加·沙因（Edgar Schein）是这样界定组织文化的：一个群体在解决内部和外部问题的过程中，共同拥有了大量重要的经验，并形成了共同的世界观，而这种世界观有着长期的作用并被认为是理所当然的，处于无意识状态支配着这个群体的共同行为，那么这个团体中的文化就可以称为组织文化。[①]也就是说，企业文化是一种无须思考就能够表现出来的思维模式和行为模式。

阿里巴巴这样界定企业文化：企业文化就是做事情的原则和标准渗透到做人做事的任何地方，形成一种默契。在一个企业工作久了会发现，遇到这样的事情就应该这么处理，遇到那样的事情就应该那样做，根本不需要思考就会按照一定的逻辑进行处理，这就说明企业文化已经实现落地。在阿里巴巴，员工工作超过 3 年才能对外自称"阿里人"。因为只有在一家企业服务超过 3 年，企业价值观才能变成员工无须思考就表现出来的一种习惯性行为模式。

阿里巴巴的某位高管总结道："阿里的成功很大一部分要归结于企业文化，我们是把虚的东西实着做，把实的东西虚着做。"任正非说："资源是会枯竭的，只有文化才能生生不息。"华为也很注重企业文化，提倡"以奋斗者为本，以客户为中心"的企业文化。

以上两个企业有一个共同的特点，他们的高层管理者都非常喜欢研究东方智慧，也都注重研究军事思想，都喜欢将东方的智慧与西方的管理思想相结合。阿里巴巴采用通用电气和微软的管理方式，华为采用 IBM 的管理方式，最后将这些进行融合创造出自身企业独特的文化体系。

---

① 埃德加·沙因. 组织文化与领导力 [M]. 马红宇，王斌，等译. 北京：中国人民大学出版社，2011.

企业价值观的构建

文化是指组织成员中一个意义共享的体系，即成员承认组织所具有的一些共同特质，但是并不排除亚文化的存在。因此有了企业核心价值观的说法，企业的各部门有可能会表现出不同的风格或特点，即使这样，员工们依然会遵循企业的核心价值观。

企业价值观的构建十分重要。企业的核心价值观所确定的组织文化经过不断更新优化后，即使创始人和超级企业家已经卸任，企业文化也不会因此而改变。因此，企业需要建立一个基于核心价值观的管理体系。

那么，企业文化与组织使命、愿景、战略有哪些关联呢？我们可以简单进行总结：使命是我要做什么，要解决的痛点是什么；愿景是指要到哪里去；战略是指怎么到达目的地。

为什么企业价值观的构建现在变得越来越重要？随着时代的发展，商业组织的战略金字塔模型中的层级优先顺序发生了变化。通过梳理，我们发现20世纪90年代的传统组织中，创业者通常是从战略金字塔的底层做起，特点是"胆子大、敢冒险、无退路"，很少有诸如"改变世界，改变全人类"的宏伟梦想，那时的目标就是活下去。现在的创业则是以知识型创业、科技型创业为主，需要吸引高端知识人才，特点是"追求使命、愿景和价值观，目标不是盈利，而是利他"。因此，现在的企业应该具备两种价值，即有能力整合别人或有被别人整合的价值。

我曾为一些企业辅导过价值观共创。在此过程中，我发现很多企业其实是有价值观的，但是它们的构建方法往往是"东拼西凑"，导致企业价值观推行多年都始终无法落地。它们从阿里巴巴学一点，从腾讯学一点，再从华为学一点，最后就变成了自己所谓的企业文化。这样做存在极大的问题，正确的做法应该是"吃牛肉，吃羊肉，最后长自己的肉"。阿里巴巴的企业文化是向通用电气学的，因为阿里巴巴早期引进了通用电气的高管关明生，这套企业文化在阿里巴巴的执行落地效果非常好。阿里巴巴的企业文化不是照搬照抄通用电气的，而是对阿里巴巴已经存在的企业文化进行提炼。

　　我们从阿里巴巴的企业文化形成中找到了关键词——提炼。也就是说，企业文化是一家企业中本来就存在的，只需把其中的优秀品质提炼出来。那么，如何提炼企业文化呢？首先，我们总结一下一个企业组织信念的层次，具体如图 4-2 所示。

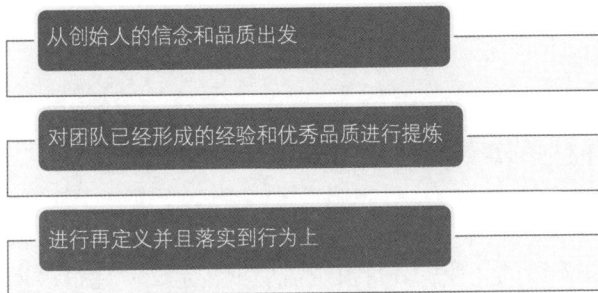

> 从创始人的信念和品质出发
>
> 对团队已经形成的经验和优秀品质进行提炼
>
> 进行再定义并且落实到行为上

图 4-2　组织信念系统的 3 个层次

从创始人的信念和品质出发

　　企业创始人对早期的企业文化影响较大，他们通常会把自己的愿景传达给最接近的人，也更愿意招聘那些与自己信念及价值观接近的人。从一定程度上讲，一家企业的文化其实就是 CEO 或创始人经常强调的信念，如坚信企业要有折腾、诚信、善良的品质。

　　企业文化的提炼要从创始人出发。创始人的影响力能够发挥的范围是离自己最近的人，当企业达到一定规模（如超过 100 人）后，其信念传递会出现层层递减的情况。对于创始人不具备传奇色彩也无特殊人生经历的企业而言，从产品的特质和定位出发，提炼企业的价值观与文化也是另一个重要的途径。

对团队已经形成的经验和优秀品质进行提炼

　　从前文介绍的个人心智模式中，我们了解到可以从他人经验中学习，阿里巴巴的企业文化形成过程正是体现了这一点。经过 5 轮合作人专题会议讨论，海内外 9 场沟通会，467 名组织部成员讨论，全球各事业群、不同企业工龄、岗位、层级、年龄员工的参与调研并且给出近 2000 条反馈，阿里巴巴新"六脉神剑"终于诞生了。

进行再定义并且落实到行为上

　　盲人摸象的故事告诉我们：每个人判断事物的角度不同，其结论也会不同。因此，处于不同阶段的企业，其价值观需要重新定义。在很多企业的咨询服务中，我会用 2 ~ 3 天的时间带领企业团队共创企业价值观。我在农夫山泉做的第一个项目，是帮助团队构建企业价值观。企业文化如果没有落实为核心管理层的行为规范，那么所有的执行力都是假动作。华为对企业文化中重要的执行主体——员工的认知界定值得我们学习，从劳动者到贡献者再到奋斗者的背后，是企业的文化机制。

　　在价值观的构建中，我们还需要注意以下两点：第一，价值观的构建和招聘一样，即上"车"要慢，这里的"慢"不是指放慢效率，而是让更多的人参与；第二，价值观要与时俱进，但不是颠覆。

1997 年，苹果公司濒临破产，公司做了第一次营销活动。那时苹果公司的产品线繁杂，既没有新产品，也没有新创意。为了凸显新的企业形象，史蒂夫·乔布斯（Steve Jobs）将这次的广告口号确定为"Think Different"（非同凡想）。此后一年，苹果公司的股价翻了 3 倍。这个广告词传递了乔布斯和苹果的核心价值观：持续创新，挑战权威，改变世界。

2015 年，在纪念乔布斯去世 3 周年时，蒂姆·库克（Tim Cook）接受《快公司》（Fast Company）的采访："苹果每天都在变。乔布斯在的时候如此，乔布斯不在的时候也是如此。但只有一样东西没变，那就是核心价值观。"

企业的核心价值观不能变化，但是也要能够与时俱进地做一些局部更新。我们以阿里巴巴的企业文化为例来理解这个看似矛盾的理念。

2019 年，阿里巴巴成立 20 周年时，阿里巴巴对原来的"六脉神剑"进行了更新，但是我们注意到新"六脉神剑"继承了原"六脉神剑"的核心文化，如将"客户第一"更新为"客户第一、员工第二、股东第三"，"拥抱变化"改为"唯一不变的是变化"。与此同时，允许有子文化的不同。在阿里巴巴，B2B 业务的企业文化中"又猛又持久"强调持续的销售激情，"又傻又甜"强调销售的执行；淘宝业务的文化是"江湖"文化、倒立文化，强调灵动、创新、协作，换个角度看世界；支付宝的文化是信用等于财富，强调严谨的文化；阿里云的文化是工程师文化，"左手代码、右手写诗"。

价值观最终要落地成为企业文化。蒋芳是阿里巴巴的 18 位创始人之一，现在也是阿里巴巴的合伙人，她说："企业文化从来不是单独存在的，而是发芽于信念，提炼于经验，培植于制度。"这里有几个关键词：第一，信念。这里是指创始人的信念。第二，经验。这里是指团队已经形成的优秀品质的经验。第三，制度。这意味着企业的价值观要落地就必须与企业制度绑定，包括考核绩效制度、奖惩制度、晋升制度、职级体系。

企业文化落地的 3 个层次

企业文化一旦确定，就需要通过一系列的具体措施和行为强化价值观。企业文化落地有 3 个层次（见图 4-3）。首先是行为器具层，是看得见、摸得着的一些东西，这是最容易做的。比如企业的文化活动、T 恤文化衫、小杯子、吉祥物、台历，这些都属于最容易做到的仪式感和一些外显的东西。其次是制度组织层，也就是企业文化如何与企业制度相结合。最后是核心层，核心层就是从上到下的管理层，员工不相信墙上贴的和在大会上喊的企业文化，员工真正相信的企业文化是从管理者的行为举止特质开始的。因此，核心层非常重要。

图 4-3　文化落地的 3 个层次

行为器具层

企业文化落地要通过外在的行为器具物，从员工感知到的一些美好活动和仪式做起。我们经常讲，生活要有仪式感。仪式也是企业表达并强化核心价值观的一项重复性活动。在这方面，阿里巴巴做得非常人性化，也做得非常到位。

企业经过提炼并描述出企业文化，那么如何让员工记住企业文化呢？很多企业都做得不好，甚至都没有做。有的企业要求晨会时大喊口号，有的企业则要求员工通过企业文化考试，否则将扣减绩效分数，这样的做法通常会导致企业文化落地只能"硬着陆"。我们以阿里巴巴为例，为大家分解一下企业文化落地过程中如何在行为器具层做好实践。

器具一：阿里土话

阿里巴巴是一家比较注重企业文化的企业，整个企业文化的构建和落地堪称众多企业学习的教科书。阿里土话就是传播阿里巴巴企业文化的有效方式，比如"客户第一，员工第二，股东第三""拥抱变化"，这些文化是抽象的凝练，员工不容易记住，反而是管理者经常说的土话最容易传播，比如阿里土话"马上做，做精彩"，员工就知道这是在强调行动力与执行力。又如"没有过程的结果是垃圾，没有结果的过程是放屁"，这句土话虽然很直接，甚至粗俗，但也很容易传播要表达的价值导向。即使一个员工离开阿里巴巴多年，也很难忘记这样的土话。再如"今天最高的表现是明天最低的要求"，这就是鼓励不断地追求卓越，不断地挑战自己。员工也会在不断地挑战一些新的目标中获得成长。所以企业文化的落地，不是天天喊口号，不是把企业文化作为标语贴在墙上。阿里巴巴的文化墙上从来不贴价值观标语，而是有很多活动照片，让员工通过活动就能够感受到企业文化。

器具二：阿里家书

阿里巴巴每年都会给员工写家书，家书的内容有阿里巴巴做出了哪些成绩，承担了哪些社会责任，对社会有哪些意义，未来要做哪些事情。这样一封充满情义的家书不只是寄送给在职员工，也会寄给离职员工。我离开阿里巴巴后，每年都会收到阿里家书。因为阿里巴巴"视人为人"，即使员工离开了，他们都不会将其称为离职员工，而是从"阿里大学毕业"，称为阿里的校友，所以母校的重要活动都会通知他们前来参加，这就是"有情有义"的文化落地。所以阿里巴巴的离职员工很少有说阿里巴巴不好的，因为阿里巴巴为他们建立了情感账号，员工也会投入很多感情，离开这家企业是因为个人去追求其他梦想，但是他们永远会感恩在阿里巴巴工作的时光。

器具三：阿里日

阿里巴巴还有一些特色活动，比如5月10日的阿里日。每年的5月10日，阿里巴巴会邀请员工家属共同度过这个节日。没有员工家属的支持也不可能成就今天的阿里巴巴，员工也就不可能将那么多的精力投入工作，所以阿里巴巴很感恩这些家属。阿里日的由来是在 2003 年 5 月抗击非典疫情期间，有很多家庭加入阿里巴巴，帮助阿里巴巴一起渡过难关。阿里巴巴在"5·10 阿里日"还会举办一个很重要的活动——集体婚礼。在当年注册登记的新婚夫妇都可以申请参加这个集体婚礼，由阿里巴巴负责婚纱、造型、拍摄、酒店等一条龙服务。阿里巴巴通过这样的活动关心员工、团结员工、凝聚人心。这样的企业文化，员工怎么可能会不喜欢？这样的企业文化落地会让员工感受到温暖，而不是企业价值观做好以后就开始考核员工。企业永远不要把考核放在第一位，而是应该让员工感受到企业文化带来的好处和温暖，他们自然就会拥抱这样的文化。

器具四：故事传播

许多企业都流传着各种小故事，内容通常是关于创始人的故事、高管的故事、规则创新的故事、企业危机公关的故事等。企业文化的传播一般需要通过故事传播，这样才能让企业的价值观更容易得到员工的深刻理解。企业平时需要注意收集故事，阿里巴巴的"客户第一"就是通过故事传播做到的。

阿里巴巴的高管每个月都会在客户投诉组接听客户的投诉电话，通过这样的方式走近客户，把客户的需求和体验放在第一位。即使再忙，高管依然会以身作则，每个月都要抽时间坚持做这件事情。所以"客户第一"只有体现在行动上才能形成故事，才有故事可讲。这样的故事也可以作为新人入职的培训素材，在职员工经常在这种文化氛围中熏陶，就更能感受到企业的价值观。

大部分在美国纳斯达克上市的中国企业，敲钟人是创始人和高管团队，但是阿里巴巴却让企业中看似平凡岗位上的一些人去做，如合作伙伴代表、快递小哥、美国农场主、淘宝店主代表。工作人员在敲钟之前再次和阿里巴巴的负责人确认是否如此，得到的回复是："我们努力了15年，不是为了自己站在那里，而是为了让他们站在那里。因为没有他们，就没有阿里巴巴今天的成功，所以他们的成功就是阿里巴巴的成功，阿里巴巴的成功也是他们的成功。"阿里巴巴的企业文化是主张把荣誉和成就归功于客户。通过这个故事，我们可以体会到"打妖怪我来，领赏你来"的企业文化，这样员工就更能够理解"客户第一"的含义。

制度组织层

企业文化可以通过多种形式传递给员工。我们以阿里巴巴为例，为大家分析企业文化如何通过制度组织层落地。阿里巴巴通过政委体系、高压线制度、价值观考核三种方式保证企业文化的制度层落地。

政委体系

阿里巴巴企业文化落地的第一个制度是政委体系。阿里巴巴是中国最早提出在企业建立政委体系的企业。我们知道部队是有政委和指导员的，他们的主要工作就是做士兵的思想工作。促使阿里巴巴要建立政委体系的契机是两部热播电视剧。第一部电视剧是2004年的《历史的天空》，主角姜大牙在上官政委的帮助下最后成长为一名优秀的将领。他从大字不识几个的人变成有文化的干部，所带领的军队也从"土匪"变成正规军。政委在团队中的文化影响起到非常大的作用。第二部电视剧是2006年的《亮剑》，主角赵刚是很典型的政委角色，在很多方面对李云龙产生了非常积极的影响。李云龙最初是一个思想觉悟不高但会打仗的将军，在赵刚的影响下，他的思想觉悟不断提高。团队干部每次做战前动员时，赵刚都会讲他们的目标（愿景）是打土豪分田地，然后与士兵建立联结。

阿里巴巴通过这一套政委体系，把企业文化传承到企业基层。特别是当时还只有 B2B 业务的时候，销售团队分散在全国各地。很多员工都是在当地招聘的，怎么样才能让他们感受到总部的企业文化呢？阿里巴巴通过总部派政委——最有信仰的人，政委带来了企业文化，代表总部影响他们、教导他们，让他们成为与阿里总部一样有思想和有文化的人。这是当时成立政委体系的初心。这个体系已经施行了 20 多年，阿里巴巴的政委体系一直延续到现在，发挥着非常重要的作用。阿里巴巴从十几个人的规模发展到现在十几万员工的规模，在这么庞大规模的组织中企业文化落地依然很不错，这与政委体系是分不开的。

高压线制度

企业的奖惩制度是捍卫企业价值观最常用的方式，当用制度捍卫企业价值观时，有时是需要做一些取舍和牺牲的。阿里巴巴有一个"高压线制度"。高压线就是触犯价值观的底线，如欺骗客户、收受贿赂等行为。一旦触犯了高压线，阿里巴巴就要请相关员工离开。这类员工就是第三章中介绍的"野狗"，不管业绩有多好或是职位有多高，这类人都是坚决不能留在企业的。

2011 年，阿里巴巴出现了 B2B 黑名单事件。部分销售人员为了高额的佣金和业绩，有意把那些不符合资质的客户发展进来，帮助客户造假，还通过各种手段欺骗同事，帮助客户通过内部审核，出现了

"内外勾结"现象。这一行为严重触碰了企业的高压线，违背了"客户第一"和"诚信"的企业文化。

时任独立董事关明生负责牵头处理调查此事件，查到涉及 100 多名内部员工。当时开除或辞退 100 多人，上至 CEO，中至总监，下至销售人员。

在当时急缺人才的情况下，阿里巴巴做出这样的决定是相当不容易的。阿里巴巴当时的团队扩张速度非常快，当时最重要的一个问题是兵多将少。所以我们当时有一句很形象的比喻，"10 个桶只有 5 个盖"。很多管理干部是硬提拔上来的，也就是"从矮子里拔将军，边用边培养"。

决策层也很艰难，因为当时管理人才极其缺乏，一下子把这么多人全部清退太难了。那么，到底是要诗和远方还是要眼前的苟且？考虑到眼前的业绩和干部急缺的情况，是不是应该忍下这件事情？到底要不要这么做？

经过激烈的讨论和挣扎，阿里巴巴的高层最终决定把百余名管理层包括主管、经理、总监在内全部清退。做出这样的决定需要极大的勇气，因为清退的做法对当时的影响很大，公司业绩陷入低谷，管理干部也几乎被清空。那时，阿里巴巴的 B2B 业务在美国纳斯达克已经上市，上市后的企业经营管理目标变得很现实，投资者关注企业的财务报表，发生这样的情况，在接下来的几个月里 B2B 业务的财务报表会很难看。企业人才管理也发生了变化，原来一个主管带领 10 个销售员变成了一个主管带领 30 个销售员，但是阿里巴巴最终度过了那段艰难的日子。

企业的价值观体现在每一次冲突时所做出的选择，是选择短期的业绩还是选择正确的价值观？如果当时阿里巴巴的高层不做出这样的决定，而是选择了保下所有犯错的员工，只是给一个内部警告或者奖金处罚，可能阿里巴巴已经不再是现在的阿里巴巴，可能用户也已经不再信任支付宝和阿里云，因为这家企业已经是乌烟瘴气，大家为了钱都可以不择手段地违背诚信原则。

一个企业从生机勃勃到最后走向灭亡，有的时候真的不是死于竞争对手之手，而是问题出在内部。因为当内部文化和信仰已经丢失时，企业就变得很危险。一个好的企业机制有可能将一个坏人变成一个好人，但是一个坏的企业机制有可能将一个好人引入歧途。阿里巴巴选择了更长远的做法。阿里巴巴能够健康发展到现在，与每一次重要时刻选择的价值观是分不开的，所以阿里巴巴的员工不会觉得企业的价值观是用来忽悠的。价值观影响员工的绩效，严重违背企业价值观的员工就要离开。

价值观考核

将价值观纳入绩效考核是现在很多互联网企业常见的一种做法，针对普通员工的绩效考核，员工的业绩考核与价值观考核各占50%。当然，大多数企业可能做不到价值观考核占50%的比重，那么至少要占20% ~ 30%，比如字节跳动的价值观考核占比30%。阿里巴巴和通用电气的考核理念很相似，阿里巴巴的员工不仅要业绩好，还要达到企业的基本文化考核达标线。凡是违反企业价值观的，不论职位高低，一律开除。

阿里巴巴内部流传着这样一句话："别人家的企业是把企业文化作为甜点。甜点就是可有可无，就是在重要的会议场合拿出来作为口号，然后把标语贴在墙上，但是不纳入考核或者只占 10% 的考核权重。"在阿里巴巴，价值观是作为正餐的，正餐就是饭和菜缺一不可，是不能可有可无的。我们从考核的权重就能看出一家企业对价值观的重视程度。

价值观是一个相对抽象的考核要素，通过阿里巴巴的价值观考核，大家可以加深理解。

针对普通员工，阿里巴巴实行的是双轨制考核，即价值观考核和业绩考核各占 50% 的权重（见图 4-4）。

图 4-4　阿里巴巴的双轨制考核

针对中高层，阿里巴巴实行的是 433 考核制，即做业务占比 40%，建团队占比 30%，推动企业文化落地占比 30%，越往高层，业务考核的比重越小，另外加上"九阳真经"的价值观考核，即在"六脉神剑"价值文化的基础上新增了眼光、胸怀、超越伯乐 3 个价值观（见图 4-5）。

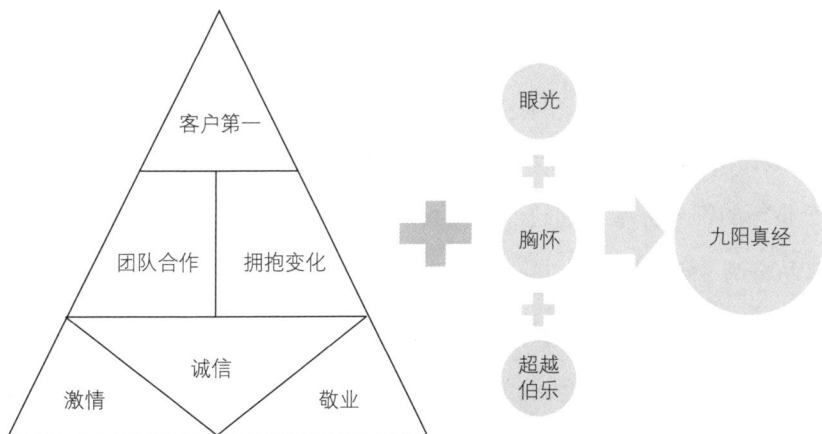

图 4-5　阿里巴巴的企业文化"六脉神剑"与"九阳真经"

在此之前，阿里巴巴最早的价值观考核是"强绑定"，价值观考核和业绩考核同样有三档，即 3.75、3.5、3.25，第一档有 30% 的人可以达到，第二档有 60% 的人可以达到，第三档有 10% 的人可以达到，也就是 361 考核。其中第二档的人数占比最多，所以对这部分又进行了细分，分为上游和下游。如果一个人的业绩考核结果是 3.75，价值观考核结果是 3.5，那么平均考核结果是 3.625。这时考核主管就可以进行灵活调整，可以选择调整至 3.75 或 3.5 两档。这样的问题在于企业无法区分人才，因为也有人价值观得分是 3.25，业绩考核得分是 3.5，综合考核得分是 3.375，调整后也是 3.5。同样是 3.5，但是分 3.625 和 3.375 两种情况调整而来。后来，阿里巴巴对价值观考核进行了区分，分为 ABC 三档，A 档是像小太阳符合企业价值观且可以带动他人，B 档是符合企业价值观，C 档是不符合企业价值观，突破价值底线，需要改进或离开。这样，一个员工最后的考核结果就体现为 3.75A，变得十分清晰。

根据世界 500 强企业的平均标准，一般认为绩效指标的设定不宜超过 5 条，而每个指标的细节标准不超过 5 个。我们以"客户第一"为例，阿里巴巴将价值观考核分为 5 个级别，从 1 ~ 5 分别代表不同的评分。

1 分：尊重他人，随时随地维护阿里巴巴的形象。

2 分：微笑面对投诉和受到的委屈，积极主动地在工作中为客户解决问题。

3 分：与客户交流的过程中，即使不是自己的责任，也不推诿。

4 分：站在客户的立场思考问题，最终使客户满意。

5 分：具有超前服务意识，防患于未然。

如果一名员工的考核得分能达到 2 ~ 3 分，说明员工符合企业的价值观期望，叫作合格线；如果员工的考核得分能够达到 3 分及以上，说明员工比较优秀，又叫优秀线；考核得分能拿到 4 分的员工占比非常少。企业在给员工打分时，通常采用 3 个标准：一致性、一贯性和显著性。其中，一致性是必须满足的条件，一贯性和显著性满足其一即可。考核得分 3 分及以上的员工表现正向且有正面案例，而得分低于 2.5 分的员工则有负面案例，对照标准时有扣分项。

- 一致性，即周围的人对该员工的评价一致，而非个人主观判断，所体现的结果有公信力。这一点是必须满足的条件。

- 一贯性，是指非单次性实践。例如，经常迟到的人将在敬业考核方面被扣分。

- 显著性，即行为产生重大影响。例如，在办公区域与同事大声争吵，这样的行为影响非常恶劣，将会被扣分。

为保证评价的客观性，企业通常还会加入邀评环节。

核心层

如果管理者本身就不符合企业价值观，那么在做管理时也很难以身作则，即使伪装也是很痛苦的。阿里巴巴对核心人员的培养向来十分重视，提倡高管发现、培养、支持新的领导团队，用文化、制度、人才来保证企业文化的传承。

阿里巴巴对管理者的胜任要求是必须"又红又专"，首先要求个人价值观完全符合企业的价值观要求，而且要有较强的影响力，能够影响他人的价值观，其次才是要求个人的业务能力突出。所以是"德才兼备"，注意顺序是"德"在前，"才"在后。

阿里巴巴的合伙人制度下有几十个合伙人，这些合伙人都有一个共同的特点，那就是加入阿里至少3年以上，必须成为一个阿里人，业务能力强、有潜力能够陪伴企业长久地走下去。只有这样的人才能成为企业的合伙人。阿里巴巴现任董事长张勇在加入阿里巴巴之前是一个职业经理人，曾担任盛大集团的首席财务官（CFO）。加入阿里巴巴后，张勇担任淘宝业务的CFO，10年后他成为企业合伙人，他的思想和行为已经完全阿里化。从晋升路径来看，他其实是阿里巴巴培养起来的人才，从淘宝的CFO晋升为淘宝业务总负责人，又晋升为天猫业务的总负责人，最后成为阿里巴巴集团的总负责人。大多数企业的战略都是关注业务战略，除此以外，张勇还关注企业的文化战略。作为核心管理者，职业经理人首先要成为企业文化的布道者，然后才能成为企业的业务传承人。

企业文化落地的 4 个抓手

企业文化是"虚"的东西，如何把企业文化做"实"？企业文化落地离不开抓手，所谓"抓手"，就是指实现文化由虚到实的路径方法。作为管理者，到底应该怎么落实文化？前面我们从企业的整体角度分析了应该如何实现文化落地，接下来我们从企业管理者角度出发，分析应该如何做才能实现文化落地。

抓新人

"教育从娃娃抓起"，这一点永远不会错。阿里巴巴有"招聘闻味官"，讲究"望闻问切"，即从招聘就开始闻味道，判断新人冰山素质模型下的特质（如价值观、驱动力）、个人价值观取向与企业价值观是否吻合。新人培训不仅要做岗位能力的培训，还要做文化融入的培训。阿里巴巴的新人入职以后，通常有一个月的入职培训，而培训中有两周的时间用于企业文化培训。阿里巴巴的每个高管都要给新员工上课，讲阿里巴巴的价值观、创新创业故事，以及高管在公司的成长历程。这样做是为了让新人从核心高管的过去和言谈举止中感受阿里巴巴的企业文化。"百年阿里"，就是百年育人，所以企业的文化课有必要邀请高管授课。

抓管理者

虽然企业管理者都是通过层层筛选，并且是符合企业文化的要求而选拔出来的，但是对于管理岗位还要进行相应的培训。在做所有管理者培训的时候，不能只是培训管理技能，还要渗透企业文化。企业创始人往往能够看到企业核心管理者的能力，却很少看到企业核心管理者的"德"。因为核心管理者通常是向上笑脸相迎，而不好的一面通常是面向下属的。华为的干部管理法中有"5分制"，如果一个企业干部的价值观评分未达到3分，就是不合格的干部。一个合格的管理者不仅要德才兼备，还要"视人为人"，核心管理者要学会如何做好一个教练，学会倾听员工的声音。

抓制度

大企业自然有系列制度，在二级事业部也要有一些事业部制度，并且事业部的制度必须与企业文化相匹配，不能相互矛盾。比如一家企业的文化中有"诚信"，那么在奖惩制度中损害客户利益的行为，一定是从重处罚，当业绩与制度发生冲突时要舍业绩而保价值观。管理者的绩效考核中业绩最多占60%的权重，还有40%是团队文化建设。培养了多少人，具体实施了哪些培养行动，在团队中做了哪些推动文化落地的工作，团队违背价值观的人数有没有超过预设底线，这些都是要考核的标准。从表面上看，价值观好像占了整个绩效的50%，实际上它远远不止50%，因为业绩部分还有30%与价值观相关。员工也有业绩的部分，看上去占整个绩效50%，但是其实除了业绩，还有一些行为要求，比如主动承担项目、主动配合团队协作等。

抓冲突事件

在冲突面前的取舍，是最能够说明企业文化的场景。冲突也能为企业带来有利影响，尽管冲突事件带来了短暂的紧张氛围，但是冲突能够促使内部团结一心，寻找新的突破点，提高组织的凝聚力。比如两个员工吵架，上升为人格侮辱，作为管理者，遇到这种事情应该怎么处理？按照阿里巴巴的文化，如果上升为人格侮辱，在公众场合吵起来，影响极其恶劣，在这种情况下，两个人都要离职。这就是在发生冲突时选择企业价值观所倡导的行为，如果不符合这个行为，就应该按制度处理。阿里巴巴有一种"开放与简单"的文化。如果对 A 有意见，不应该对 B 和 C 讲，那样就违背了企业的价值观，而应该对 A 直接反馈，促使 A 改进提升。这个制度背后体现的是企业文化。

许多企业的首席数字官（CDO）都提出了"数字化转型，文化先行"的号召。总之，无论从企业文化落地的 3 个层次，还是企业文化落地的 4 个抓手来看，企业文化落地是有具体的活动、制度和用人标准的。可以说，企业文化落地是"虚事实做"的典范。

本节刷新管理金句：

1　文化从来不是单独存在的，它发芽于信念，提炼于经验，培植于制度。
2　企业文化是把虚的东西实着做，实的东西虚着做。
3　合格的管理者，就是要"视人为人"。
4　在冲突面前的取舍最能说明企业文化的场景。

5

带团队：
培育人才梯队

知识要点：

- 人才培养路线：专业路线和管理路线
- 人才盘点：手里有牌，心不慌
- 人才职级体系的搭建
- 人才培养体系：养人与用人
- 团队建设要走心

本章我们讲述的主题是"带团队"，人才管理对企业的重要性不言而喻。为了培养员工，帮助员工成长，留住优秀人才，企业往往会制订许多员工学习计划，并且每年投入大量的人力和财力。针对如何培养人才梯队，我们将从培养路线、职级体系、人才培养、培训与团队建设 4 个方面展开论述。

人才培养路线：专业路线和管理路线

随着新冠肺炎疫情的暴发，互联网企业出现员工纷纷"辞职"的现象。对此，微软对其员工进行了一项调查[①]，60%的微软员工表示，如果管理者有意帮助他们发展职业目标，他们就更有可能相信自己能够达成岗位目标。即使微软这样的全球500强大企业也面临这样的问题，中小企业则更应该注重企业人才的职业发展，为员工制定好一个明确的成长路线，这对于员工成长和企业持续稳定发展意义非凡。

如果一个人能找到适合自己的成长轨迹，就不会觉得在一家企业没有成长空间，需要通过跳槽实现职业上的成长。我们把职业规划的路径设置为专业路线和管理路线两条，具体见表5-1。这种方法来源于微软公司，现在已经广泛应用于互联网企业的职业发展路径设计。

表 5-1　职业规划的路径设置

专业路线		管理路线	
P11	高级研究员	M6	VP
P10	研究员	M5	资深总监

---

① 新浪科技. 微软人才流失严重. 高层出手推进职业发展（EB/OL）[2021-12-10].

（续）

	专业路线		管理路线
P9	资深专家	M4	总监
P8	高级专家	M3	资深经理
P7	专家	M2	经理
P6	高级专员	M1	主管

专业路线

如果员工擅长某个专业领域，而且热衷于做某一项专业的工作，那么企业应该鼓励员工按照专业路线（professional，P 路线）发展。这样，员工的薪资和职位在企业中会有一个长足的发展空间，也会得到同样的尊重和机会。我们要纠正一个错误的观点：业务能力很强的人就一定要晋升到管理岗位。这种做法是很危险的，因为有一些业务能力强的人不一定适合做管理工作。现在很多企业的专业人才比管理人才多，而且很多人都愿意走专业路线成长。比如字节跳动、腾讯、华为大部分员工都在这条路线上发展得很好，无论薪酬回报还是职位提升，完全可以满足员工的发展期望。

管理路线

判断一个优秀员工是否适合管理路线（manager，M 路线）有几个标准，或者说需要具备一些管理者特质。首先，不但会做事还会总结。管理者要能够把自己的成功经验总结出来，有的人"会做事但不善于总结"。我辅导过一家企业，优秀员工甚至没有技术文档支持，做任务完全靠经验，针对这类员工还需要观察他们的工作并做记录。其次，乐意分享。企业中有一类员工"会做但不会说"，即表达能力欠佳。最后，愿意帮助别人和成就他人。管理者的第三特质是有效影响他人。前面我们讲过，一个人的成就有多大，在于他成就了多少人。

对于想要做管理者的优秀员工，建议首先保持业绩标杆，然后培养善于总结的能力，再逐步学会带徒弟。

如果职业发展路径选择管理路线，员工也是需要逐级晋升的，但是管理路线有其局限性。如果企业规模没有扩大得足够快，那么管理岗位是比较少的。数字化时代的组织偏向于扁平化，组织层级有所削减，管理岗位也会大幅减少。我建议企业尽可能把专业路线设计得好一点，让员工在专业级别上能够不断提升。因为专业职级的考核标准相对简单，只要专业能力达到职级标准，价值观与企业价值观相匹配，员工就可以不断晋升。这样，企业就可以解决团队规模没有扩大、个人没有成长空间的难题。

人才盘点：手里有牌，心不慌

了解人才培养的两条路线后，接下来企业需要了解团队中有哪些人才。企业管理者在进行人才战略规划之前，会对现有员工的情况进行摸底，通常包括员工的各种信息，如受教育程度、培训经历、工作经历、项目经历、专业技能、特殊技能等。组织如何快速找到能胜任某个岗位或某个项目的人才呢？有条件的企业会在平时建立员工评估系统跟踪并记录员工职业发展成长的历次记录。

人才盘点是企业识别人才和发现人才需求的过程，同时可以帮助企业发现不适合的员工，及时进行结构优化。在阿里巴巴，每年有 3 件大事要做：9 ～ 10 月做战略；11 ～ 12 月做预算；2 ～ 5 月进行人才盘点。人才盘点其实是盘点一家企业的人才库存，梳理"打什么仗，出什么牌"，让企业做到"手里有牌，心不慌"。

人才盘点的 4 个步骤

第一步是根据企业战略盘点人才，包括企业战略和部门规划。企业需要何种人才是基于业务规划的。因此，企业首先要明确为实现战略和规划的目标落地，团队中需要有哪些人才。

第二步是绘制人才架构图。阿里巴巴最开始采用的是 2-7-1 原则，即 20% 的优秀员工，70% 的普通员工，10% 的淘汰员工。随着企业规模的扩大，阿里巴巴采取了优化后的 3-6-1 原则，即 30% 的优秀员工，60% 的普通员工，10% 的淘汰员工，这样扩大了优秀人才的比例。

第三步是对每个人员进行盘点。在绘制完成企业的人才架构图后，就要落实到具体的盘点维度和盘点动作。盘点维度包括业绩、能力、潜力以及是否空缺，最重要的动作是圈出关键岗位。在人才盘点过程中，通常会用到干部选拔九宫格（见图 5-1）。

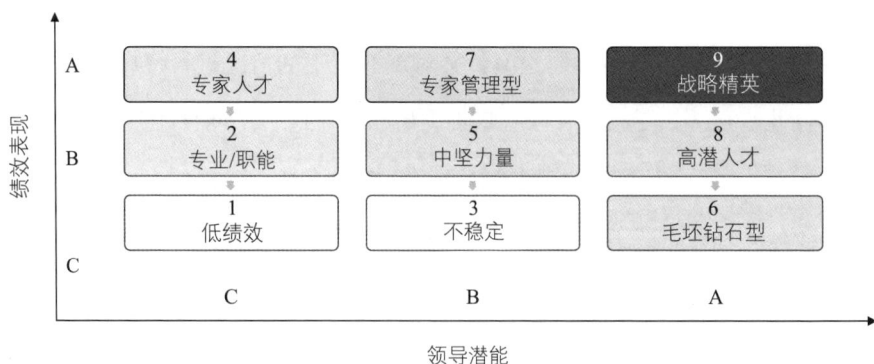

图 5-1　干部选拔九宫格

第四步是制订人才发展计划。企业针对盘点的总结制订对应的人才发展计划，如招聘、晋升、培训、调岗、改进、淘汰。

人才盘点九宫格

图 5-1 是一个围绕绩效表现（现在）和领导潜能（未来）两个维度的人才盘点九宫格。绩效表现是指一个人长期稳定的工作业绩和行为表现。领导潜能强调一个人的学习能力和适应能力，是指快速应对各种复杂、多重任务的能力；面对不熟悉的新任务有出色的表现；渴望学习新技能，提高领导管理潜质。

我们可以把九宫格看作一个人才"盲盒"，需要提醒的是，除了以上两个维度，干部选拔的底线是与企业的价值观相匹配。

位于九宫格 1 和 3 的人是低绩效和不稳定的人，这类员工潜力一般，期望很高，绩效却很低。对于这类员工，企业一般会给予一定的关注，通过绩效改进计划、慎重安排新岗位等措施后仍不能改善的员工需要予以辞退，因为他们的绩效和能力已经没有提升的可能。

位于九宫格 2 的人是专业岗或职能岗的员工，这类员工比较稳定，但对于新工作、新情况的适应能力一般。企业需要投入许多资源帮助他们提升能力。

位于九宫格 4 的人是专家人才，是指公认的各个领域的专家型人才，具有长期稳定的优秀业绩。他们对企业有非常重要的价值，他人难以替代，是某一专业的导师，能够带徒弟为企业培养后备技术人才，在无人或很少指导的情况下胜任工作，对超出专业之外的发展或挑战无强烈意愿。这种专业人才在市场上很难找到，所以企业对这类人才要特别优待。

位于九宫格 5 的人是企业的中坚力量，这类员工能够较好地承担新的工作职责，应对新情况和新挑战，有良好的绩效表现。这是一家企业大部分员工所处的状态，他们属于"老黄牛"。企业要加强培训强度和激励力度，激发他们的最大效能。

位于九宫格 6 的人是毛坯钻石型员工，他们被认为是可以做大事、具有高价值的高潜人才，但是目前绩效不佳，需要改进绩效，展示其实际潜能。对于这类员工，企业通常需要先培养他们的专业能力，然后辅导其岗位技能从而提高绩效。企业还需要给予他们方向上的指导，甚至可能需要重新调配岗位。

位于九宫格 7 的人是专家管理型人才，通常是绩效好但领导潜能一般的人。对于这类员工的培养，企业要根据自身的人才需求，结合人才的兴趣制定培养方向。也就是说，位于九宫格 7 的人可以向专家人才或战略精英的方向发展。

位于九宫格 8 的人是高潜人才，这类人有危机管理意识和应对能力，勇于挑战风险和不确定性，有敏锐的商业洞察力，积极探索问题解决方案，综合素质和领导潜力突出。企业要培养这类人的职业兴趣，进行高阶培训，提供与高层管理者接触的机会，加强综合技能培训，适当地采取内部轮岗机制。

位于九宫格 9 的人是战略精英，这类员工对自己的要求很高，是超级"明星"员工，善于处理复杂事情或矛盾，能够从战略角度思考问题，不能容忍低标准的工作或混日子的员工。团队里真正优秀的人不是培养出来的，企业选人比培养人更重要。企业要用好这类员工，大胆授权并委以重任，安排专人教练辅导，增加挑战性工作，定期给予反馈和领导接触。

企业可以对照九宫格中每个位置的特点，将员工姓名写入对应的格子，让企业人才地图可视化，这样人才的基本情况就一目了然了。有的格子可能一个人都没有，比如位于九宫格 9 的人才很少，这种情况下就无须强制划分。

人才职级体系的搭建

职级体系是企业进行人才评估和管理的一套工具，在国内以 BAT[①] 为代表的互联网企业中盛行，已经成为企业设置人才职级体系的行业标杆。

职级体系的搭建

职级体系就是要明确不同职级的能力标准，每个岗位的"价值"是什么。职级体系有基于岗位价值和能力评估两种体系。职级体系分为职位、级别和职级三部分，基于此，职级体系搭建分为以下 3 个步骤。

确定横向的职位族群

职位族群是由一系列岗位内容相近或相似，或者岗位所需要的知识、技能相似的岗位集合组成。职位族群的确定可以帮助管理者有针对性地设计职业通道，对职位族群进行进一步细分之后就形成职级序列。表 5-2 展示了阿里巴巴的职级体系，该体系简单清晰，分为 M 序列和 P 序列，方便内部转岗和人才流动。M 序列是根据所管理业务、流程和功能的简单或复杂程度划分层级。P 序列是根据完成工作所需方法的简单或复杂程度，或者是否需要内部培养及所需培养周期的长短划分层级。

---

① 是中国三大互联网公司百度、阿里巴巴、腾讯英文首字母的缩写。——编者注

表 5-2   阿里巴巴的职级序列

M 岗位层级	角色	P 岗位层级	运营线	技术线
M10	董事长			
M9	副董事长	P14	资深科学家	资深科学家
M8	执行副总裁	P13	科学家	科学家
M7	资深总裁	P12	资深研究员	资深研究员
M6	副总裁	P11	高级研究员	高级研究员
M5	资深总监	P10	研究员	研究员
M4	总监	P9	资深专家	资深专家
M3	资深经理	P8	高级专家	高级专家
M2	经理	P7	专家	专家
M1	主管	P6	高级专员	高级工程师

建立竖向的职业通道

国内企业的职级体系设置颗粒度相对较粗，企业管理者将职级视为员工激励的重要方式。不同公司的通道设置是不同的，不能生搬硬套，否则就会出现总监做着经理工作的情况。阿里巴巴的管理通道从 M1 至 M10 有 10 个级别，腾讯公司将管理通道设置为 3 个梯队，分别是基干、中干和高层，将专业通道分为 18 个级别，首先分为技术（T）、产品 / 项目（P）、市场（M）及专业（S）4类，每个专业通道又分为初做者、有经验者、骨干、专家、资深专家和权威 6个级别，每个级别下又分为基础、普通和职业 3 类。此外，很多企业内部的双通道是互通的，也就是说专业通道中的人员可以转移至管理通道，这为那些业绩好但不愿意承担更多管理职责的"明星"员工提供了更大的选择空间。

公开职级评估标准

企业高层管理者要有决断力和人际连接力，中层管理者要有理解力，基层管理者要有执行力。职级体系评估环节和标准应公开透明，让不同角色的评委可以非常直观地看到员工的贡献和价值，帮助员工与管理层建立连接，做出正确、被认可的决策。此外，精准化的职级标准有助于企业更好地识别人才，在内部选拔、人才培养方面都能精准地找到合适的人选。职级体系在人才管理中常见的应用是宽带薪酬。"宽带薪酬"是指每一个职级对应的工资上限与下限相对范围更宽，宽带薪酬更加适应于扁平化组织对人才管理的需求。2021年美团公示了调整后的职级体系，执行"扁平职级，宽带薪酬"的体系，内部职级更加扁平化。

明确激励与奖励

企业设计职级体系是为了激励员工。激励一定要有标准，没有标准的激励不能被称为激励。奖励和激励的区别在于，奖励是针对少数人的贡献事后进行的，激励是针对大多数人的设计，强调从一开始就贯穿于整个过程。

我曾经为一家企业做咨询服务，这家企业员工人数超过1万人，其职级体系的特点是形容词过多，员工很难找到一个明确的标准。我对几位员工进行了访谈，得到的反馈是员工虽然知道企业有职级体系，但是不清楚从6级晋升到7级要做哪些事情。他们唯一确定的是，如果全年的绩效得分是A就有机会晋升，如果有多个人同时拿到A，由直属上司提名晋升候选人，然后上级审核，最终确定谁能晋升。这样的职级体系设置对员工来讲就是奖励，而不是激励。如果企业一开始就告诉员工，从6级到7级需要做哪几件事情，那么员工就会为之奋斗。其实这个过程就是在激励员工成为最好的自己，达到职级标准的同时会得到晋级。这才是企业想要达到的激励效果。

我们来看看阿里巴巴的职级体系。

如果企业在招聘时将某位员工定级为 P5，代表这个人是有简单的工作经验，虽然经验不丰富，但学习潜力不错。综合判断下来，这个人能够作为项目成员从事简单模块的工作。

定级为 P5 并不是一成不变的，而是有潜力成为 P6，员工首先要有能力带领一个小部门完成项目，然后要能够分享经验。

P7 怎么晋升为 P8 呢？首先是更大的影响力。员工不仅要有带项目的影响力，而且影响力不再局限于跨部门，可能是带事业部的一个大项目。也就是说，这个影响面更大，带的人也更多，涉及的部门也多，工作的复杂性也更高。其次，有系统性思考能力。员工不再只是点状思维，不仅能解决一个问题，还能解决一类问题，如发现系统和流程上的优化方法。最后，P7 的员工要能够培养 P7、P6 这样的新徒弟，能够带领他们成为 P8、P7 的角色。

P8 成为 P9 的难度很高。第一，专业能力达到科学家的程度，并且具备相应的业务能力，如开发能力、技术能力。第二，具备战略分解和落地的能力。在阿里巴巴，P9 相当于 M4，即总监级别，如果说 P8 需要的是"线"，那么 P9 则需要"面和体"。如果没有具备这个能力，就不太可能达到 P9。

职级体系背后的文化

职级体系背后体现的是企业所倡导的文化。只要把职级体系的机制设计好，员工就会依靠机制驱动，符合晋升标准的人就会获得晋升，不符合的人就会降级或淘汰。这样，团队管理者就无须每天追踪员工的行为。

阿里巴巴将企业文化充分地融入职级体系的设计。第一，团队协作。阿里巴巴的企业文化提倡团队协作，有很多跨部门和跨事业部的项目。如果员工想要获得晋升，就必须学会带项目。第二，教学相长。阿里巴巴的企业文化提倡教学相长，要求团队内部要分享，要带成功徒弟，无替补不晋升。这样企业文化就真实地落地到各个层级的制度上。第三，创新文化。阿里巴巴企业文化要求有创新，要求员工在 P7 有微创新，P8 要有系统性创新。这些是创新文化落地的体现。

职级体系设计中非常重要的一项是要有通用的描述，上述描述都属于企业通用的标准，还需要在通用的描述下加上每一个岗位的具体描述。比如 P5 要进行简单模块的开发或者工作任务，这个简单模块的标准是什么，要用哪一种语言开发；P6 要具备处理较复杂模块开发的能力，需要进一步细化掌握哪几种技术语言。

除了职级描述，员工的晋升还要与绩效绑定。阿里巴巴的职级体系也继承了双轨制考核的方法，每一职级的员工除了要满足职级岗位的要求，还要绩效分数必须达到 3 分及以上，价值观的考核不能是 C，至少要符合 B，如果价值观的考核是 A，晋升的机会就会更大。

将文化、绩效与职级的能力要求三者结合，就是企业文化在人才职级体系中的落地，这也是职级体系背后的底层逻辑。

人才培养体系：养人与用人

随着市场的变化、企业的发展，胜任的员工不会永远胜任，企业应自上而下地加强员工对于数字化转型的认知，帮助员工不断更新自身的知识体系。接下来，我们要关注的问题是企业如何培养人才，如何帮助这些人才不断地迈上新台阶，这些都需要企业通过建立人才培养体系实现。

越来越多的企业开始重视打造学习型组织，不仅设置了许多的内部培训和外部培训课程，还搭建了企业内部数字化学习平台，鼓励员工学习，让员工适应数字化时代的新环境。现在一些优秀的企业都有自己的内部培训平台。这些成功企业的人才培养策略是一边用人、一边培养人，培养得差不多了就要用人，一段时间后人才要回流、重新培养。只有这样，企业才能源源不断地产生新业务，支撑新业务的正是战略地图中的内部学习和成长。

这里需要提示的是，一些企业往往陷入两种极端：一种做法是企业将人才培养与培训课程画上等号，每年制定培训预算并将考试结果纳入绩效考核范围；另一种做法是企业坚持老人带新人的师徒制，通过线下拓展活动培养企业人才的专业能力。以上两种将知识学习与实践带教割裂的做法对于企业人才的持续成长是不利的。

图 5-2 是阿里巴巴的人才培养体系，包括职业发展培训、领导力培训、新人培训和在线学习平台 4 个部分。

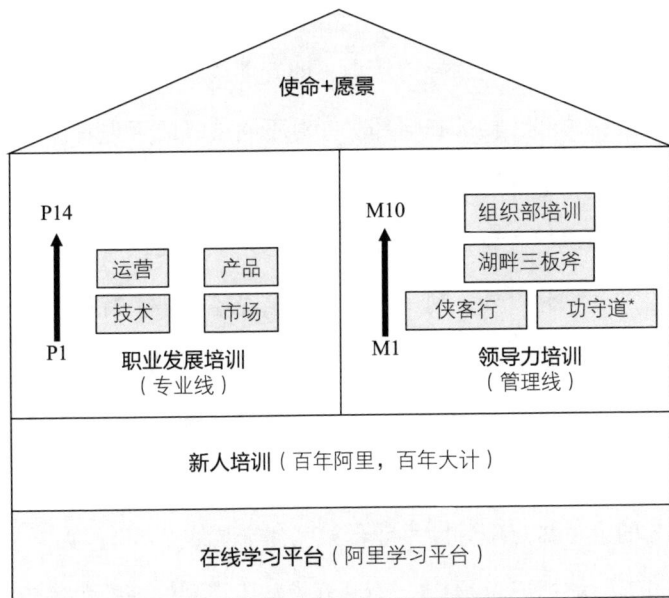

图 5-2　阿里巴巴的人才培养体系

* 原为"攻守道"，而因笔误写成"功守道"在阿里内部沿用，意为"用功夫守住自己家园之道"。

职业发展培训

人才培养的第一条线是职业发展培训，即专业线。企业想要留住高绩效员工，帮助员工获得更好的职业发展，就要为员工提供必要的职业培训，帮助他们获得必要的知识，使他们适应组织文化，从而以实现组织目标与个人价值作为努力方向开展工作。这是一种基于企业主要的职能块而制定的专业培训，如市场、技术、运营、产品，专业培训的老师大部分都是属于企业内部的高阶专家。在阿里巴巴，资深的 P8 也会受邀讲授一些专业知识。当然企业也要聘请外部的培训老师，例如聘请专业培训师和行业专家为员工做专业能力的提升培训。

领导力培训

人才培养的第二条线是领导力培训，即管理线。前面我们介绍了阿里巴巴的管理分为 3 层：头部、腰部和腿部。针对不同层级的管理者设计不同的培训项目或培训课程，因此授课内容是不一样的，各有三板斧。

2010 年，阿里巴巴投资 100 万元用于员工培训，要求所有主管级别以上的管理者都要参加。除此以外，阿里巴巴人才培养还有一个特色，即人才培养经常是前置的。假设企业在人才盘点时判断一个员工一年后是可以升至主管级别，就会将其标注为 M0，提前一年开始为员工安排 M1 的课程，包括主管角色、时间管理、沟通辅导在内的管理技能。如果 M0 做得非常不错，即可晋级为 M1。如果在接下来的人才盘点中判断事业部第二年需要 3 个 M2，从 5 人中选 3 人，就会把这名员工提前标记为 M1.5，为其开设从主管到经理的角色转换课程。这样就能有效避免员工一旦晋升就"翻车"的现象，以及把一个优秀的业务骨干变成一个糟糕的管理者的情况。在人才培养的过程中，阿里巴巴还会让这名高潜力员工尝试带团队，成为小组长，然后在一年后盘点他带团队的成效如何，团队凝聚力怎么样，企业文化落实怎么样，业绩情况怎么样。如果这些都能达标，这就是一个很自然的晋升追加条件，因为他已经具备了这个能力。阿里巴巴的管理人才成长路径见图 5-3。

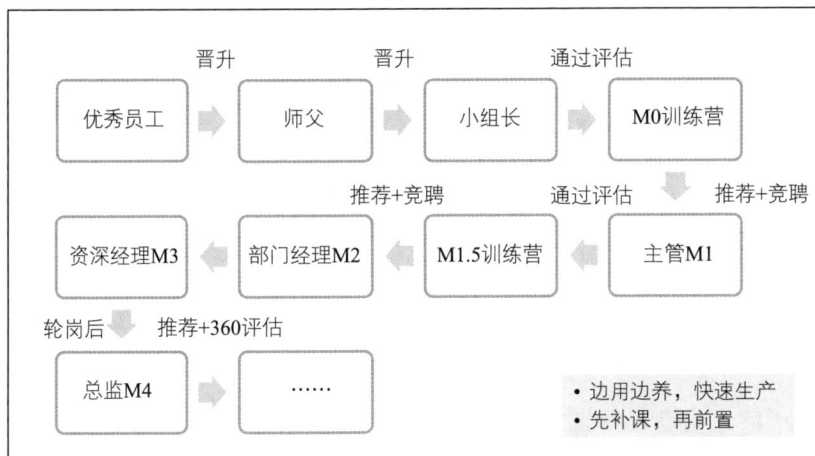

图 5-3　阿里巴巴的管理人才成长路径

新人培训

阿里巴巴人才培养体系的底部设置有面向所有新员工的新人培训，要求新人无论 P 路线还是 M 路线都要参加。组织结构的扩张对于企业管理难度的挑战是不言而喻的。因此，阿里巴巴一般都会把新人放在企业文化熔炉进行企业价值观的历练，让新人体验并主动地接受企业文化。请注意这里强调的是体验企业文化，而不是考试企业文化，更不是背诵企业文化。多数员工也认可这种感受式的培训方式。在阿里巴巴，销售岗的入职培训要求一个月全职脱产，中后台岗位的培训是 20 天，其中有 15 天都是与企业文化相关的培训体验，如课堂体验、拜访客户的体验、拓展体验，这些都能让新人深刻感受和体会阿里巴巴的企业文化。

在线学习平台

阿里巴巴人才培养体系的底层是在线学习平台。在这个在线学习平台上，员工可以看到包括专业课程、管理课程、新员工课程在内的所有课程。在任何企业，员工只要会学习、爱学习就会发现大量的学习资源。现在许多企业建立了"随时随地都可以学习"的在线学习平台。对于职业发展目标是做管理岗位的员工而言，即使他现在从事专业技能岗位，平时也可以在企业内网的学习平台上自主学习管理课程，然后通过实践过渡到管理岗。阿里巴巴有一个员工是做技术岗的，他想转岗做产品经理，前期就做了大量的与产品经理有关的实习工作，还学习了产品经理的专业课程。有了实践经验和理论基础，他的转岗过渡就很自然，而且很快得到了批准。

企业人才培养是一个过程。我在农夫山泉也做了许多与人才培养相关的事情，帮助农夫山泉建立人才体系，带领团队走到一线进行培训，教他们怎么样做培训，怎么样培养内部讲师。企业人才培养的安排切忌随性，认为在业务淡季就安排员工培训，学习华为、学习阿里、学习字节跳动，但就是没有形成自己的一套人才培养体系。

企业应该树立这样的观念：所有的培训课程都服务于企业的整个人才培养体系，而人才培养体系最终服务于整个企业的业务战略，同时也是为企业文化服务的。企业人才培养体系的建设要充分利用明暗两条线，明线即培训技能，暗线即培训过程中传递的理念，而这个理念就是企业文化。如果企业计划聘请外部培训老师，一定要找培训理念与企业文化理念相匹配的老师。

团队建设要走心

团队建设就是如何凝聚一群人，把团队成员变成能够打胜仗、打硬仗的人才。在这个过程中，每一层级的管理者都可以做的事情是用心对待下属。现在最常用的团建形式就是聚餐、玩乐、唱歌，这样的团队建设属于生活层面的团建活动。团队建设仅停留在生活层面是远远不够的，团队建设一定要走心，要为员工建立情感账号。

我的团队策划过一个很走心的入职周年庆活动。那年我入职阿里9周年，他们为我做了一个纪念相册，这个相册记录了我进入阿里巴巴后的成长轨迹，既有重要意义的领奖照片，也有失落痛哭的照片。有一张照片令我印象深刻：我是9月10日加入阿里巴巴的，那天一群小伙伴把办公室的窗帘拉上，当我踏入办公室的时候，一个彩蛋"啪"地跳出来把我吓了一跳，他们拍下了我的入职瞬间。在我入职9周年的时候，屏幕显示的是我的电子相册，还播放了背景音乐。看着播放的一张张照片，我回忆着在阿里巴巴9年中的成长轨迹，当时非常感动。为什么我的团队会给我制造这样的感动？因为我也经常做这样的事情，我在他们周年庆的时候也很用心地制作成长瞬间的故事，为每一个人送上真诚的祝福和评价，所以他们也用同样的方式来感动我。这个磁场就是相互影响的结果。

一个员工在一家企业只有一个薪酬账号（企业存进去多少钱）是远远不够的，企业还应该为员工建立一个情感账号（或恩情账号）。如果企业没有为员工建立情感账号（开户），员工就不会有储蓄。如果没有用心设置一场走心的团建活动，没有感动员工，没有温暖员工，那么员工的情感账号是缺失的。如果没有情感账号，员工只能看薪酬福利是否足够好，因为除此以外没有其他的企业账号可以进行对比，其实情感账号是可以折算成员工的薪酬账号的。

很多企业为员工过生日都是买一个蛋糕或者送一张生日购物卡。阿里巴巴为员工策划的生日会从来不是图热闹，而是一定要做到走心，帮助员工解决生活问题。

有一位员工因为工作很忙，没有时间照顾孩子，平时都是她的婆婆在照顾孩子。她与婆婆在价值观上有很多冲突，特别是消费观念的冲突，为此两个人之间发生了很多不愉快的经历。比如她给自己花600元买护肤品，她的婆婆就觉得太奢侈，觉得这个儿媳妇不会过日子。她买衣服也会被婆婆说："你怎么又买衣服了？你看看衣柜里面全是衣服。"因为这样的琐事，她们之间经常拌嘴吵架。所以那一次她过生日时，我们就在想能不能利用这次机会，改善她的婆媳关系，既能够让她过一个难忘的生日，让她感受到自己是被我们关心的，同时又能够使她的家庭生活更加和谐美满。

那一年，我们提前一个月就给她的婆婆打电话："您知道吗？您是我们这个团队里的模范婆婆，您的儿媳妇经常在我们面前夸您。"她的婆婆觉得我们在骗她："不可能吧，她不说我的坏话就很好了，怎么可能会夸我？"我们说："是真的，她跟我们说幸好有您这样的好婆婆，照顾孩子很用心，别人家请阿姨花钱不说，还担心孩子被拐走，又担心孩子被虐待。她之所以能够全身心地投入工作，就是因为有一个让她放心的婆婆。"

　　这时，她的婆婆不说话了，我们猜可能说到了点子上。我们说："下个月的今天就是您儿媳妇的生日，她想在过生日的时候给您一个惊喜，亲自向您表达敬意和感谢。这些话她都跟我们讲，但她从来没对您讲过，是不是？她很想向您表达谢意，但是总是找不到合适的场合。所以我们想给她创造一个这样的机会，我们想邀请您参加她的生日会。"她的婆婆当即表示同意我们的策划。我们告诉她的婆婆应该做哪些配合，为此我们提供了 1000 元的团队建设费，买了一套护肤品，请她的婆婆在她生日当天亲自送给她。这样彼此一定会深受感动。

　　生日当天，她的婆婆在音乐的伴奏下缓慢出场，手里捧着一盒包装精美的化妆品，双手送给这名员工，她当时惊呆了。因为她认为自己和婆婆关系一般，结果婆婆竟然来参加她的生日会，还送了一套化妆品。太意外了！这时，我们就开始起哄："哇！你的婆婆太好了，抱一个！"她发自内心地拥抱了她的婆婆。在这种场合，你觉得她会对自己的婆婆说些什么，那一定是感谢！她感谢婆婆这几年一直帮她带孩子。她的婆婆一度哽咽。她的婆婆也袒露心扉："虽然我平时对你挑剔挺多的，但是我觉得你其实没有那么败家。我们是两代人，我要更多地理解你，我不应该老是挑你的刺。我以后会更多地理解你。"两人再一次很自然地拥抱在一起。

　　这就是我们策划的走心团建，每一次团建不只是让当事人感动，最后我们自己都会被感动。管理者如果多策划这样的走心团建，就会收获人心，员工就会更加忠诚，工作也会更加努力。因为是发自内心的活动，而不是搞形式主义，也不是为了作秀，所有的这些策划其实不会花费很多钱，甚至有的时候就是一个简单的生日祝福，也没有礼物，但是用心比用钱更值钱。"人在一起叫团伙，心在一起才叫团队。"所以在团队管理中，一定要记住一个关键词——用心。

团队建设中一定要凝聚人心，而凝聚人心的前提是一定用心、走心。这样员工情感账号的余额就会越来越多。员工对团队是有感情的，上司对下属是有感情的，一旦遇到挖墙脚，员工就不只是看薪酬账号，还会考虑情感账号。员工会多问自己几个问题：我今天是不是真的要离开这么温暖的团队？我是不是真的要离开一个信任我、真诚待我的上司？我到底要不要离开？

本节刷新管理金句：

1   业务强的人不一定适合做管理者。
2   没有标准的激励不能称之为激励。
3   奖励和激励的区别在于，奖励是事后的，而激励是过程中的。
4   凝聚人心的前提，是一定要用心，要真诚地走心。

6

真激励：
让员工像老板
一样工作

知识要点：

· 激励的前提是从需求出发

· 激励的逻辑和动机

· 组织激励的类型

· 常见的激励误区

本章我们介绍的主题是"真激励"。组织激励是组织管理中很重要的一个话题，激励的关键在于，将组织目标与个人需要相结合。许多企业也都投入了大量的人力和时间设计了激励方案。企业应该如何设置激励机制才能让员工热爱工作、热爱企业？对员工而言，工作中最重要的是什么？哪些是促使他们努力工作的关键原因？如果每个人对这些问题有深刻且清醒的理解，那么相信大部分人会在面临选择时做出更加明智的抉择。

激励的前提是从需求出发

激励员工是企业凝聚人心的有效手段。让员工自发地为了共同的目标奋斗，不仅能完成企业的既定目标，更有可能超越预期。然而，激励员工并没有那么容易实现，因为每个员工的需求不同，期望也就不同，想要在任职期内从组织中收获的东西也不同。有的人喜欢不断挑战，有的人偏好稳定，有的人能从工作任务中找到自我满足感并且愿意为此付出更多的努力。因此，管理者需要着眼于员工的需求，从各个角度思考个性化激励方案。

那么，激励是基于一个什么样的底层逻辑呢？我们先来分析激励的过程。

请回想一下自己被激励的事件，想想看组织设定的激励目标是你想要的吗？如果不是，这样的激励就是无效激励。所以激励的一个前提是要找到员工的需求，即首先摸清员工到底想要什么，然后通过意愿形成动机，其次设计对应的激励措施让员工能够做得更好，这样才能产生期望的行为，最后拿到预期的结果。这是一个完整的激励过程。

图 6-1 展示了激励的过程，从发现需求到产生动机，再到做出行为，进而达成结果，最后评估满意度。

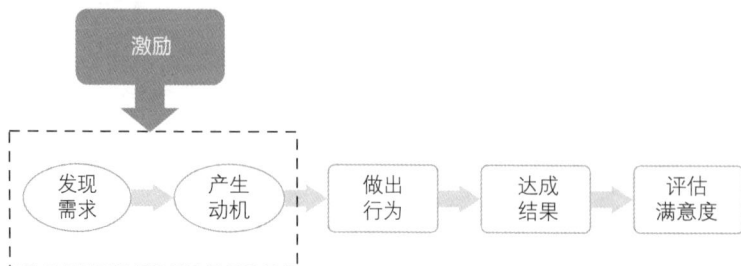

图 6-1　激励的过程示意图

对需求进行排序有助于帮助管理者了解是什么原因激励了员工产生工作动机并做出相应的行为。表 6-1 是工作中可能遇到的一些激励要素。请给以下激励要素排序，1 代表最重要，以此类推。

表 6-1　激励要素排序

激励要素	排序
薪酬涨幅	
同事关系	
工作环境	
晋升机会	
绩效公平	
休假 / 带薪休假	
弹性工作	
体贴的上司	
工作保障	
公司文化	
其他你认为重要的要素	

激励的逻辑和动机

如前所述，有效的激励会调动员工的工作积极性，激发其工作成就感，员工会为此持续、加倍地努力，从而形成良性循环。如果管理者能清楚地了解激励的逻辑和动机，就能更好地优化激励方案，也能更好地理解如何激励员工。

用于考查员工需求的动机理论有很多，如需求层次理论、X 理论和 Y 理论、双因素理论和目标设置理论等，这里我们以马斯洛的需求层次理论为基础理解激励的底层逻辑。马斯洛需求层次理论把人的需求分成为 5 个层次。该理论认为人的需求从底层的生理需求层次开始，按照顺序逐级上升。马斯洛认为，每个层次的需求都应该得到满足，只是阶段不同导致每个层次的重要性不同，但总有一种需求是占据支配地位的（见图 6-2）。

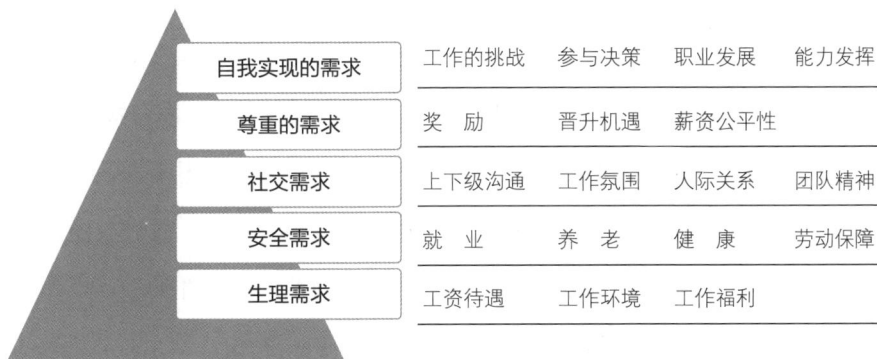

自我实现的需求	工作的挑战	参与决策	职业发展	能力发挥
尊重的需求	奖 励	晋升机遇	薪资公平性	
社交需求	上下级沟通	工作氛围	人际关系	团队精神
安全需求	就 业	养 老	健 康	劳动保障
生理需求	工资待遇	工作环境	工作福利	

图 6-2　基于马斯洛需求层次理论的组织激励模型

第一个层次是生理需求，如薪酬和工作环境。在加入阿里巴巴之前，我在一家网站设计公司做地推销售员，那时是 2000 年年初，我的平均月薪是 20000元，而当时的市场平均月薪水平是 800 元。这个薪酬已经远远满足了我的基本生理（生存）需求。

第二个层次是安全需求。工作环境安全吗？是否签订长期的劳动合同？提供完善的医疗保障和退休福利制度吗？如果企业没有满足员工这些安全需求，而是每天只谈企业愿景和价值观，仅靠诗和远方留住人才是不现实的。

第三个层次是社交需求。社交需求就是员工在人际接纳和身份归属方面的需求。团队的工作氛围怎么样？新员工能顺利融入这个团队吗？团队成员在一起工作开心吗？团队成员之间是否建立了信任关系？后来，我跳槽去了阿里巴巴，阿里巴巴的企业文化倡导做真实的自己，在阿里巴巴工作期间我很开心，团队氛围也很符合我的期望。

第四个层次是尊重的需求。在团队中大家是否信任我？我是否受到尊重？能否参与决策？我的价值能否体现？领导是否认可我对团队的贡献？在阿里巴巴，当我的年销售额达到 60 万元后，想要响应企业的"百万俱乐部"号召冲刺年度百万的业绩时，人事主管找我谈话："公司现在处于快速发展期，兵多将少（10 个桶 5 个盖），我们需要更多的管理者，现在组织需要你，你来做主管吧！"我当时既兴奋又犹豫，兴奋自然是因为我的业务能力得到了组织的认可，组织也尊重我的选择，犹豫的是做主管后的业绩收入就会少很多，最后我还是接受了主管的职位。我在阿里巴巴做到大区总经理后会做一些内部员工培训课，学员的反馈又增强了我的成就感。

第五个层次是自我实现的需求，又称成长性需求。追求自我实现成就的人，知道自己要什么，他们为了梦想而工作。这些人做自己最擅长且有兴趣的事情，追求的是实现自我价值，但也不是不要薪资，因为薪资也是一个人价值的体现，所以一定不要低估这方面的需求。企业中只有少部分人既可以拿到很高的薪酬，又能够发挥自己独特的价值，也做着自己擅长的事情。

综合众多需求理论的核心观点，无外乎生存需求、关系需求和成长需求，但能够把这些理论结合激励机制用得炉火纯青的企业并不多。阿里巴巴要求每一个管理者要像了解自己的身体一样了解下属。这听起来很肉麻，但是他们就是这样要求的，也是这样做的，因为只有了解才能知道如何激励员工。所以对于组织激励、团队建设、设定目标而言，了解员工的需求是前提。

不同人群的激励策略

对于 Y 世代和 Z 世代的员工，他们对工作的态度不同于父辈。他们的家庭条件已经小康富足，继承多套房产，拥有更高的学历，在工作中追求独立快乐。对于家里经济条件非常好的员工，企业更要从马斯洛需求理论出发，对于这类员工而言，"做到这个业绩，薪酬就可以涨到多少钱，多少年就可以买房子"并不能起到有效的激励作用。他们可能会告诉你"我家有三套房子"。然后你对他们说买车，你可能不知道他是开着不用还贷款的豪华车上班的，他的工资连一个月的油费都不够。工资对他来讲，只不过是一个小甜点（dessert），企业要如何做才能有效激励他呢？这时，企业就要分析员工的深层次需求，他到这里工作最需要的是什么。

我们要摒弃偏见，其实有些"富二代"也很努力。他们参加工作的目的是增加社会阅历，得到成长，找到擅长的事情，积累人力资源，充实自己，提升自己。所以这个时候和"富二代"谈物质激励并不是有效的激励方式，应该问他们的职业规划是什么，要了解他们的家庭背景。向他们说明这份工作可以帮助提升哪些能力，对以后做高级管理者和职业经理人有哪些方面的帮助，对他们来说，成就激励是最有效的。这就是马斯洛需求中尊重的需求和自我实现的需求。

很多互联网企业的工作环境和学校的环境相似，工作中都是直呼其名。在字节跳动，大家叫张一鸣全名，其他管理者也都是直呼其名，不叫老师，也不叫领导，更不叫老大。在阿里巴巴，彼此称呼也不是"××总"，大家都叫"花名"。这样的团队很好玩，没有等级观念，大家在一起就像在学校一样，经常会一起分享、交流、学习，工作氛围很融洽。团建方式也更加适应年轻人的社交方式，聚餐也无须论资排辈，随意坐。这样的工作环境很适合年轻人，"00后"很快可以适应。企业给他5000元的工资，其他企业可能开出8000元挖墙脚，他都不一定愿意去，因为他还有社交需求。如果他在企业里有好几个好朋友，和同事相处得非常融洽，和上司之间的相处也很愉快，这样的人就不会为了3000元而跳槽。

对于"70后"和"80后"而言，他们上有老下有小，而且父母的年纪都大，他们在家人健康和子女教育上的投入很大，比较在乎薪酬回报和经验积累。能否发挥自己的强项，能否得到尊重，个人价值能不能在团队中得到"90后"和"00后"的认可……他们很在乎这些方面的激励因素。激励这样的员工就要设定好规则，他们就会全力以赴地做出更好的成绩，拿到更高的薪酬回报。如何得到大家的尊重？如果让他们做内部培训老师分享经验，带几个新人他们就很受用。所以激励政策一定是针对员工的需求而制定的。

组织激励的类型

企业管理者如何实现有效激励员工的目标呢？激励有三种类型，分别是物质激励、精神激励和发展激励。我将这三类激励的核心总结为用薪酬留人、用情感留人和用发展留人，相应地，企业也要为员工建立薪酬账号、情感账号和发展账号。

物质激励

物质激励是企业最常用的管理工具，包括短期物质激励和长期物质激励，下面我们将详细介绍每种激励方式的特点。

短期物质激励：工资和奖金

工资是企业对员工能力的评估体现。随着企业经营效益的增长，员工的工资应当有适当比例的增长规划。利润微薄的企业，虽然要精打细算，但是如果今年员工的贡献超过了此前的能力界定，做出了更多的价值贡献，企业应该及时做出是否加薪的判定并且重新界定员工能力及薪酬标准。

奖金是员工价值变动的绩效部分，绩效工资又叫浮动工资。大部分科技类企业基本上都是在年末发放奖金，即年终奖。年终奖是对员工过去一年的成绩到底超过了工资多少的判断，如果一个员工的年薪是10万元，但其实做出的贡献对应的年薪应该是20万元，那么企业就会在年终给予员工更多的期望回报或者年终奖。很多企业的年终奖与员工的绩效挂钩，绩效是最能反映业绩贡献的考核指标。

长期的物质激励：期权（股权）

长期激励是指大企业的期权或者小企业的股权，这种方式会建立员工与企业发展之间的强链接。这部分针对的是价值观非常吻合、能力强、潜力巨大的员工，他们可能会陪企业一起走过未来的 5 ~ 10 年。为了留住这样的员工，企业应该与他们有更深度、更长期地绑定。期权和股权就是一个长期激励。

很多期权都是按年计算归属的，比如今天允诺给员工 1 万股期权，分 4 年发放，一年归属 1/4，这意味着在一家企业服务的时间越长，获取的期权就会越多，离开这家企业的成本就会变得越高。这样，员工就会把自己作为企业的合伙人一样努力工作。现在有很多企业用期权来激励员工，比如阿里巴巴的 12 万名员工中有 6 万多是有企业期权的，这个比例高达 50%。小米公司也有 50% 的员工是有企业期权的。华为虽然没有上市，但是也有将近一半的员工是有企业股权的。华为为了刺激人才流动、提拔年轻人而制定的 45 岁退休制度，正是利用了股权激励的策略。所以对于核心人才，企业可以通过期权或股份的方式长期吸引他们。

有些创业型老板对期权和股权激励的理解不够透彻，就会犯以下错误。在面试中觉得"应聘者太优秀，我本来是想招聘一个造轮船的，结果发现这个人可以造航母"，怎么办？为了留住人才，他就会做出承诺"只要你进来，企业就给你 2 万干股，占 5% 的股份"。结果，人才引进后发现这个人连螺丝都拧不动，但是股权已经发出去了，工商局登记也已经变更了，白纸黑字就很难否认，退出的成本有点高。在海底捞、腾讯、阿里巴巴，1% 的股权就已经身价过亿，所以不要小看一个小企业 5% 的股份，随着企业估值的增长，这些期权或许未来会很可观。

判断一个人是不是有能力获得股权，要通过验证才能知道。在前面的章节中，我们介绍过在面试过程中如何识别人才，但是这种方法也不能保证100%的准确率。咔朴猎头在《企业降低成本从招聘开始》一文中提到，中国企业面试准确率的平均水平是30%，美国企业的平均水平是50%。面试时觉得他很好，真的就很好吗？所以这个风险很大。即使面试官认定应聘者是人才，决定要给予股份，那么也要设定一个时间范围。比如可以给优秀新人5%的股份，但是时间限制是5年，每工作满一年就能拿到1%。一年后这个人的能力到底能不能获得股权就很清楚了。这样就不会造成很大的"贱送"。所以企业管理者在面试过程中千万不要太心急，万一心太急，就会给企业带来很多麻烦，等到后面想要引进更高端的人才时，就会发现已经没有股权可以分配了。

物质激励的另一种方式是将绩效与物质激励绑定。奖金设置的原则是"多得让人心动，少得让人心痛"，只有把物质激励的差距拉大，其他人才会愿意做出更多的贡献和创造。

阿里巴巴提倡"一定要对得起好的人，对不起不好的人"，具体是指对于价值观与企业价值观相符、业绩又突出的员工，他们所获得的物质回报一定要非常高。高到什么程度呢，高到让员工怦然心动。如果业绩不好，个人价值观也与企业价值观不符，一定要让这类员工拿得很少。

现在很多互联网企业的考核机制建设得很完善，管理者无须盯考勤。在阿里巴巴，管理者从来不看考勤表，而是看结果、看绩效、看创新、看项目。过程是可以造假的，勤奋是可以造假的，结果是没有办法造假的，所以机制设计是关键。凡是被盯着的加班都是"内耗"，用现在网络的流行语叫作"内卷"，这种做法也是在浪费企业的资源。所以最关键的是，激励员工将成为更优秀的自己作为一个自驱力，让员工愿意自动自发地这样做。

在物质激励中，管理者最容易犯的一个问题就是吃大锅饭。你可能会说："这怎么可能呢，吃大锅饭早就被认为是失败的、是错误的，我们怎么可能会这样做？"但是其实你已经在不知不觉中陷入一个误区。

我辅导过一家企业，企业当年的战略目标是追求利润最大化。为了让每一个岗位上的员工都关心利润指标，企业决定将整体利润与每一个人的绩效挂钩。每一个大区，不论上海大区还是浙江大区，不论团队业绩完成率如何，至少也有30%～40%与企业的整体利润挂钩。这样会导致什么问题？

一种情况是浙江大区做得很好，目标完成率120%，本来贡献是很好的，应该拿到更多的奖金，但是因为整个企业是亏损的，最后导致浙江大区只能拿60%的奖金。另一种情况是浙江大区的目标完成率只有70%，但是其他区域的目标完成率是200%，企业的整体利润很好，所以浙江大区今年也拿到了100%的奖金，这就是所谓"躺赢"。让行政部门挂30%的企业利润，这样做合理吗？那么应该如何考核呢？我的建议是：第一，考核销售收入；第二，考核客户满意度；第三，考核费用控制。这样做的目的是一定要把战士牢牢地绑定在战斗区域内，而不是把贡献绑定在其他战区。

精神激励

精神激励对应的是马斯洛需求理论中尊重与自我实现的需求。企业要为员工建立情感账号。情感账号是心理学对于人际关系相互信任的一种比喻，存款可以建立并修复关系，取款则变得稀疏甚至摧毁关系。企业在员工关系管理中要注意进行存款和充值，只有平时多存款，才能在有需要的时候提取存款。如果企业只有薪酬账号，员工就只能对比薪酬水平，当其他企业开出更高的薪酬时，员工就可能选择跳槽。人是有情感的，除了薪酬激励，如果企业还给予员工荣誉奖励、提供成长机会、营造愉快的工作环境，员工的选择就会不一样。

仪式感

没有仪式感就没有荣誉感，没有荣誉感就谈不上精神激励。精神激励通常与荣誉挂钩。在阿里巴巴，获得超高业绩的"明星"员工，企业除了发放丰厚的物质回报，还会让员工走公司的"星光大道"，并且会有一个隆重的上墙仪式。大家敲锣打鼓，"明星"员工披着"黄马甲"，戴上明星光环，与高管合影，亲手把合影照片贴在文化墙上。这样的仪式感会让员工感到自己备受尊重。

共进晚餐

目标设置理论表明，如果企业经常为员工设置挑战性目标和有难度的目标，可以激励员工实现更高的目标。很多企业有优秀员工与CEO共进晚餐的激励形式。阿里巴巴季度大区绩效排名前10的员工可以与高管共进晚餐，销售业绩达100万元以上的员工，可以进入"百万俱乐部"，还可以得到COO关明生的一首打油诗，原来预计有20～30人会达标，结果有100个人闯关业绩达标。这就是精神激励的作用。

及时反馈

企业要经常安排一些员工激励的反馈，员工做得好时就要及时给予肯定，一方面使其确信管理层知道他们的成绩；另一方面也可以强化员工获得更好成绩的信心和决心。"明星"员工的心态是争夺冠军宝座，他们最怕直属上司抢功劳，担心老板根本不知道自己的工作事迹。其实老板也有类似的担忧，管理层也要了解一线员工的成长情况。所以在向上级汇报工作时，主管可以带上"明星"员工，向老板介绍员工的做法会让员工获得极大的鼓舞，而且员工也会理解上司坦诚对待下属的做法。很多人会陷入一个管理误区：吝啬表扬，很少肯定他人，认为"不批评就是最好的表扬"。一句表扬、一句肯定，这些很容易做到，不需要花一分钱。员工很在乎及时反馈，所以及时反馈也是很重要的精神激励。

发展激励

发展激励是员工自我成长的需求，企业要全面激发员工的各项能力，持续为企业创造价值。企业在运用发展激励时要善用授权和职级体系，让员工不断地成长，积累经验，获得丰富的人际关系资源。

授权是一种重要的发展激励方式，企业要善于观察、培养、提拔有能力的员工。如果员工做得很好，企业就应该充分授权，让员工接受更有挑战性的事情，感受到自己是被信任的。授权本身就是一种激励，而不是一种甩责。阿里巴巴的企业文化提倡"打妖怪你去，背锅我来"，核心是事情做成了，是员工的功劳；做不成，则责任在授权者。当员工获得授权时，通常工作积极性会被调动起来，从而提高工作绩效和工作满意度，离职率也更低。因为被充分授权，员工就会放开手脚去干，敢于试错，也就更容易创新。授权的本质是管理者不断地为员工提供有挑战性的任务。凡是授权的事情都极具挑战性，因此只能奖不能罚。对于有难度的事情，原则上应是只奖不罚；对于容易的事情，只能罚不能奖。如果完成任务会有季度奖金，完成不好就要降级，这样的授权方式，员工肯定不乐意。

职级体系也是一种常用的发展激励方式。一个人在一家企业的需求除了薪酬，还会在乎经验积累、个人成长、积累人际关系等。管理者不要把职级体系简单地理解"晋升激励"，而更应该关注如何建立人才培养体系。

在第 5 章中，我们介绍了人才职级体系和人才培养体系。企业可通过人才盘点打造人才梯队，有效培养员工的能力，从而提高人才的发展质量。每一位员工的职业发展通道可以分为管理者通道和专家通道。企业可以给予员工清晰的职业规划，使其认清能力短板，在能力提升过程中不断获得激励。对专业人员而言，他们的薪水往往不菲，因此金钱的物质激励在他们的需求排序中不是最优先的。他们喜欢钻研工作，擅长解决问题，甚至将工作作为生活的重要部分，喜欢挑战性工作和协作支持的团队文化。当管理者识别出专业人员的需求，就会考虑设计专业的职业发展路径。

有些优秀的一线员工，特别是资深销售人员没有意愿做主管，他们不愿意承担更多的团队责任。对他们来说，维持现有的业绩已经很满足了，老客户维护得还不错，每个月收入也挺不错，工作之余还能兼顾家庭生活。这时就要以终为始。你觉得他的发展重点是不是就是这样了？换作是你，你会满足于这种状态吗？作为一线销售人员，35 岁之后会面临各种危机。第一，精力和体力急剧下降，上有老下有小。在应聘时，35 岁以上的销售人员无论在体力和精力上都没有办法和年轻的销售人员相比，企业更愿意培养一个新人。第二，如果综合能力得不到提升，35 岁以上的销售人员进入新的团队也很难融入。随着年龄的增长，如果不能转变为管理角色，即使是"明星"员工，职场价值也是贬值的，所以一定要在年轻的时候提升能力，不能选择"躺平"。管理者要让员工看到未来的危机，要帮助他们树立危机意识，多承担责任就是在积累自己的经验。在每个岗位上都做到最优秀，这样就能主动把握更多的机会，成为企业的中高层。

"作为一个有担当责任的管理者，有义务陪伴员工从愚昧之巅经历绝望之谷再爬上开悟之巅。"这个观点来源于心理学的邓宁·克鲁格效应（Dunning-Kruger effect），具体见图 6-3。

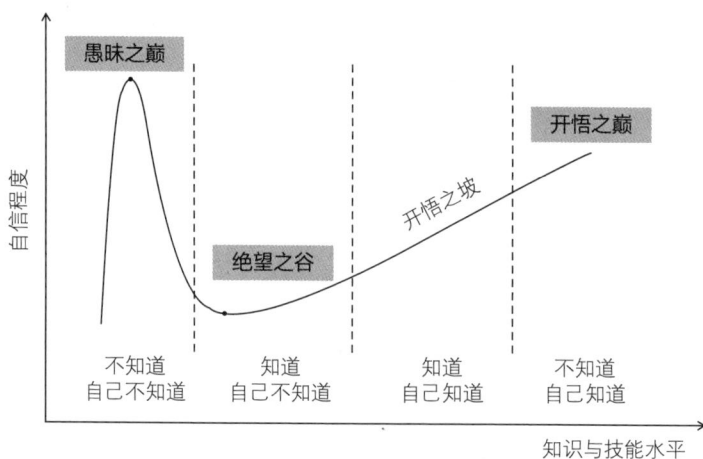

图 6-3　邓宁·克鲁格心理效应

愚昧之巅是指一个人看不到未来，只追求满足生存需求和安全需求，认知水平也处于较低的水平。管理者的责任就是让他看到你所能看到的视野。这是底层的生存需求和安全需求，可以认为生活在底层需求的人处于愚昧之巅。

绝望之谷是指一个人知道原来不知道的东西，而原来以为自己都知道，发现自己其实并不知道。所以，人最怕的是不知道自己不知道，认为拥有了底层的需求就是拥有了一切。

开悟之巅是指感受到金字塔的顶端，被人尊重，实现梦想，做理想的工作，愿意提升自己。

当上述 3 种激励落实到位后，企业就自然在员工心中建立起 3 个账号，分别对应的是薪酬账号、情感账号和发展账号。当猎头用更高的薪酬账号挖墙脚时，员工还要考虑另外两个账号。

前面介绍的激励类型都是正激励，那么有没有负激励呢？

负激励（negative incentive）是指员工的行为不符合组织目标时，组织给予批评或惩罚，使其行为减弱和消退，从而抑制这种行为。许多企业也设置了这样的惩罚机制，但是在执行中往往更注重奖励而忽视惩罚，导致负激励制度形同虚设。因此，要想做奖罚分明，企业的负激励要"说到做到"。

> 阿里巴巴集团设有"红草莓奖"和"烂草莓奖"。客户服务做得很好的团队就会拿到"红草莓奖"，服务做得差的团队就会拿到"烂草莓奖"，两个奖项的获奖者都会上台领奖。"红草莓奖"要求员工能够完成销售额业绩，而且老客户的留存率达到 80% 以上。

> 华为特别喜欢用开大会的形式给员工颁发一些奇怪的奖励。而这些"奖励"通常是负激励。华为早期有一个研发的"呆死料大会"，通常在深圳的体育馆举办。例如"埋雷奖""最差 CBB 奖""架构紧耦

合奖"都是在开发过程中不考虑后面的承接，给企业的资源造成浪费，让后续工作无法进行的项目，给他们发放的奖品就是开发出来的这些失败产品。这样的形式并不是为了羞辱研发人员，而是警醒他们不要再犯这样的错误。"从泥坑中爬出来的人才是圣人"，所以负激励同样是有作用的，比如手机业务总裁余承东、CFO 孟晚舟在前几年也拿过一个"从零起飞奖"，那一年他们都没有年终奖，奖品是一架飞机模型。

企业在执行负激励的过程中一定要把握分寸。负激励是通过建立警戒线帮助员工修正行为，根本目的是激励员工在未来做得更好，而不是羞辱员工，即使是惩罚也要正确把握尺度和分寸。负激励要有温度地执行，切忌冷冰冰的，这样会给员工造成不安感，恶化同事关系，反而会让员工产生抵触情绪。

常见的激励误区

只要满足员工的需求就可以实现有效激励的目标吗？事实上，管理者在激励员工时也会犯错，有效的员工激励就是要避免误区。了解激励员工的误区可以帮助企业快速识别激励员工方面的陷阱，并制定有效的措施。激励有以下 3个常见的误区。

过高期望式激励

实现一个激励目标，员工到底要付出多大程度的努力？员工能否达到这一期望水平？期望理论强调组织期望目标与个人期望目标的认知匹配。组织中个人目标的实现不仅取决于个人的努力程度、工作能力，还与组织的绩效体系和工作设计有关。工作设计是指根据组织需要和个人能力，完成各种工作任务所需要的方法。员工所承担的责任比工作设计（岗位设计）所要求承担的责任和工作范围更广，这类问题通常发生在授权类激励。对于一个本职工作尚且没有做好的员工而言，如果企业只是考虑其在一个岗位工作多年，便尝试通过授权锻炼员工，这样只会让员工遭受打击。

过多承诺式激励

组织承诺（organization commitment）的概念最早由美国社会学家霍华德·贝克尔（Howard Becker）提出，这一概念是影响员工工作态度和工作绩效的重要变量。之后，通过其他学者对该理论的持续研究，该因素模型包括感情承诺、规范承诺、理想承诺、经济承诺和机会承诺。一般来讲，员工都具有以上 5 种组织承诺，只是因素的占比各有不同。企业管理者应帮助员工建立工作愿景，帮助他们实现自我价值。

我们国家的员工更加重视情感因素。一些企业为了鼓励员工取得较好的业绩，会许诺员工达到业绩就给予相应的奖励。但如果员工最终实现了目标企业却不能兑现允诺，这样企业不仅会损失信誉和美誉度，还会打击员工对企业的信任。

把激励等同于奖励

这是普遍存在的一个误区。通常认为，企业中组织奖励更多的是针对少数优秀绩效的反馈，激励则是针对多数人的公平设计。美国行为心理学家斯金纳（B. F. Skinner）的强化理论（reinforcement theory）认为，激励可以让员工频繁地受到奖励，如果个体在表现出某行为后受到奖励，那么有极大可能再次表现出该行为。这时要及时给予奖励。

相反，如果员工表现出某种行为时受到了惩罚，这种行为就不太可能继续出现。有些企业在激励员工时往往考虑奖励更多，而对于惩罚和约束的执行力度不足。如果企业想要营造一个公平、合理的竞争环境，就应该奖惩结合、奖罚分明。还有一些企业利用奖金制度来激励员工做出更高的绩效，这样导致许多员工的驱动力是奖金奖励。如果企业想要达成持续的激励效果，就应该注重行为而非结果，进行持续性激励而非一次性奖励。总之，只有科学地设计激励机制，才能最大限度地达到激励的效果。

本节刷新管理金句：

1　激励政策一定是针对员工的需求而制定的。

2　每一个管理者要像了解自己的身体一样了解下属。

3　用薪酬留人，用情感留人，用发展留人。

4　对于有难度的事情，原则上是只奖不罚；对于容易的事情，只能罚不能奖。

7

拿结果：
让员工对结果
负责

知识要点：

· 定目标、通目标、晒目标

· 追踪目标执行的关键动作

· 团队复盘和个人复盘

本章我们讲的主题是"拿结果"。在阿里巴巴，流传着这样一句话："管理就是通过别人拿结果。"拿结果是管理者的第一要务，好的结果是战略执行的结果，也是企业文化落地的结果，还是团队管理的结果。在大部分企业，要做成一件事情，必须经过定目标、追过程、拿结果的步骤。本章我们通过"定目标、追过程、拿结果"三步法拆解"目标管理"。

定目标、通目标、晒目标

　　绩效管理指标体系的实施和分解是一个既自上而下又自下而上的过程。企业管理者从企业的战略方向开始逐层逐步实施，将企业的整体绩效指标落实到每一位员工，将员工的绩效指标连接起来就能够帮助部门和企业达到预期目标。在前文中，我们将管理者分为头部、腰部和腿部，即高层管理者、中层管理者和基层管理者，对高层管理者需要输出的是企业的战略目标，对中层管理者需要输出的是部门规划，对基层管理者输出的是工作计划。目标是一个逐层逐步分解的过程，目标的分解重点是要和员工达成共识，因为员工是有思想、有意愿、有积极性的个体，而这些重要因素都会影响到目标的达成。

定目标

　　目标设置理论带给企业管理者的启示是企业一定要为员工设定目标，并且落实到具体的人。图 7-1 是一家互联网企业从事业部经理到类目专员的指标体系，我们从中可以看到定目标的关键点在于战略目标必须聚焦，目标分解方面也不是简单的加总关系。指标自上而下地制定并不是简单地分解，有的需要更加细化，细化的依据是在该岗位上可以实现的指标或可以影响到的结果。

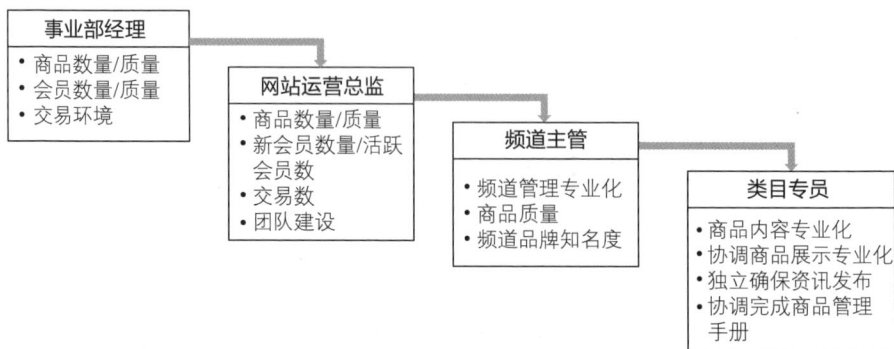

图 7-1   企业逐层制定指标示例

SMART 原理

无论执行绩效目标还是制定关键成果目标，都会使用一个共同的原理——SMART 原理（见图 7-2）。SMART 是 5 个要素英文首字母的组合，是指目标的制定必须是明确的（specific）、可衡量的（measurable）、可实现的（attainable）、有关联的（relevant）、有时限的（time-bound）。简单来说，目标设定的内容需要包含数量、成本、效率与品质，如销售部门有费用目标，生产部门有成本指标，产品技术部门有品质目标。

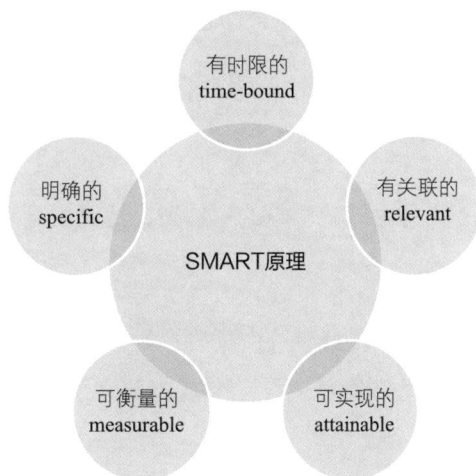

图 7-2 SMART 原理五要素

我们观察一下：以下示例目标符合 SMART 原则吗？它们存在哪些问题？

1. 持续优化用户体验，提升 ×× 系产品的市场份额。

2. 恪守良币驱逐劣币的商业价值观，在爱惜品牌口碑、优化用户体验的基础上实现收入增长。

3. 产品要有创新，不能给消费者一种似曾相识（me too）或者晚来一步（me later）的感觉。

4. 建立合理的管理人员优胜劣汰机制，培养不少于 2 名业界公认的优秀领军人物。

以上示例都不符合 SMART 原理。比如示例 1，具体要提升多少市场份额？示例 2 中需要明确收入增长多少、增长率是多少，示例 3 则要明确何谓产品创新、产品创新的数量，示例 4 则要明确对领军人物的定义。

尽管每家企业对目标的设置重点不同，但在一定程度上体现了共性，我们提供了如下正确示例。这是可衡量、可实践、可量化的目标，通过参考这些目标，大家会对 SMART 有所理解。

1. 在未来 6 ~ 12 个月内搭建卓越的供应链，达到管理费用下降 5% ~ 10% 的目标。

2. 糟糕的外包质量严重影响团队内部的沟通效率和企业季度指标的完成，在 5 个月内完成优化外包流程，削减内部人工成本，提高 20% 的人均效能。

3. 预算监控功能上线，各部门覆盖率 100%，月均预警数量不低于 5 次。

4. 本月完成至少 10 条招聘渠道的扩展，各渠道每月推送的人才线索量不少于 100 个。

5. 搭建线上培训平台并落地推广，2 个月内试点高层覆盖率不低于 90%，全员覆盖率不低于 85%。

设三级目标

掌握了目标的 SMART 原则后，企业接下来应该为员工设置目标。只设置一个高目标或者一个底线目标都是有问题的，我建议目标设置至少要有三级目标（见图 7-3）。

	三级目标	关键数字	特点	目的
❸	梦想线（dream）	20%	"明星"员工	晋升依据
❷	挑战目标（jump）	50%	跳一跳就能够得着	带来增量，实现双赢
❶	底线目标（base）	80%	对得起这份工资	区分并淘汰不合适的20%

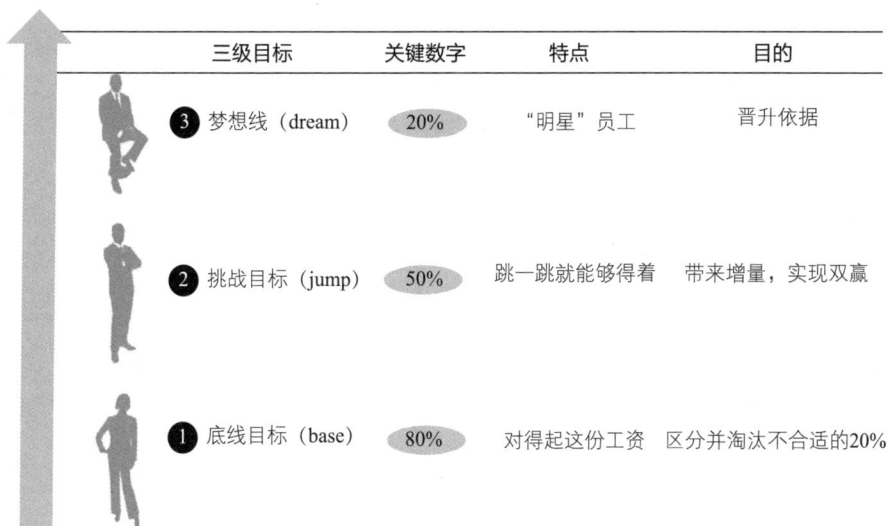

图 7-3　三级目标设置列举

　　20 年以来，阿里巴巴的每个岗位都会设三级目标。目标设置理论的相关研究发现，困难的目标一旦被员工接受，将会产出更高的绩效结果。

　　一级目标：底线目标（base）。底线目标又叫温饱线，是 80% 的人都应该完成的目标，达到这个目标就是"对得起这份工资"。那些完不成目标的 20% 的员工是企业不能接受的，属于要改进工作方法的或者被淘汰的。我观察过很多企业，发现它们设置的绩效目标有很多问题，首先设置 100 分制，100 分中设的目标都是属于温饱线的目标。今天要做这些事情，然后有哪一点出错了就扣一分，哪一点出错扣两分。我问设置人员："这属于岗位基本要求还是挑战性的要求？"对方回答："当然是岗位要求，做不到，才扣分。"但是，按照这种设置，做到很满意的 100 分，其实只是及格了，做好了本职工作，并不是优秀。因此，考核结果难以区分优秀者，只能区分被淘汰者。这样看来，百分制的目标设置是有问题的。

二级目标：挑战目标（jump）。挑战目标又叫财富线，挑战目标就是跳一跳就能够得着的目标，这个目标大概有 50% 的人可以做到。这样可以把上半部分的人区分出来，这些人如果能够实现这个挑战性的目标，就应该给予更多的奖励。如果可以拿到比温饱线更多的钱，这些有能力的人就愿意做挑战性的目标。50% 的人如果能达到这个挑战线，至少有 80% 的人会去参与。想想看买彩票的中奖率有多低，为什么那么多人还乐此不疲地买彩票，因为谁都觉得自己有机会中奖。挑战线也是一样的，80% 的人会觉得自己有希望，所以就会参与，即使最后只有 50% 的人实现挑战目标也是一个不错的结果。这样的激励给企业带来了增量，比如带来 1 亿元的增量，拿出 2000 万元作为员工激励，这就是双赢。能力强的员工可以获得更多的奖励，企业也会有更多的营收。

三级目标：梦想线（dream）。企业给最优秀的员工（"明星"员工）设置梦想线。根据经验，一个团队中大概只有 20% 的人能够实现梦想线。挑战线有 50% 的员工能达到，但是还没有区分出最优秀的部分，就会发现顶部 20% ～ 30% 的人达到这个挑战线还是太舒服了，他们很容易就能做到。对于这些人，企业就要通过设定一个梦想线让他们再往上跳一跳。如果实现了梦想线，企业就给这部分员工升职加薪。升职是因为能力强，价值观也符合企业所倡导的价值观。阿里巴巴、字节跳动等大企业的人才晋级制度都不是普惠型的。激励的一定是优秀的人，无论是哪一级别的晋升，一般只有 30% 的人，即能完成梦想线目标的员工可以得到晋升。

字节跳动的企业文化与绩效目标

对一个企业而言，绩效管理是非常重要的，不仅关系到企业战略的落地，更关系到个人的加薪升职。现在大多企业制定绩效管理的工具有关键业绩指标（key performance Indicator，KPI）和目标与关键成果法（objectives and key results，OKR）两种方法，OKR 侧重于过程管理，KPI 侧重于结果的绩效管理。同一家企业可能会同时使用两种工具，并且因部门的属性不同而分别使用。例如销售部门的目标是明确的，所以 KPI 考核法比较适用，而研发部门和创意部门的创新是很难界定的，所以 OKR 管理比较适用。字节跳动的销售部门使用的是 KPI 考核方法。

"明星"员工的指标有哪些？按照 KPI 的指标完成 100% 工作，就算是"明星"员工了吗？绝不是的。这只能算是及格。在一些大企业，如果一个员工没有突出的贡献，比如创新等，很难被评为"明星"员工。表 7-1 展示了两种管理方法的差异。

表 7-1　OKR 与 KPI 的对比

比较项目	OKR	KPI
定义	• 承诺型 OKR：等于 KPI • 愿景型 OKR：鼓励挑战，不鼓励 100% 完成。绿灯为 70% 以上，黄灯为 40% ~ 70%，红灯为 30% 以下	• 将企业战略自上而下层层分解为具体指标，并以此跟进并辅导员工，最后考核结果并提供反馈 • 目标分为三级：改进线、及格线、挑战线
实质	• 目标的过程管理 • 不与考核和激励绑定	• 目标的过程管理 + 结果评估 • 与激励绑定

（续）

比较项目	OKR	KPI
导向性	• 鼓励员工围绕组织愿景进行"内部创业"	指引员工关注公司战略目标，完成关键任务，达成工作目标
理论基础	• 以人性的 Z 理论为基础，员工天生热爱创造，喜欢挑战	• 以人性的 X+Y 理论为基础，假设人性是追求安逸的，在乎物质满足和精神享受，管理方式为强势＋参与（启发，培养后参与）
适用对象	• 强调创造性、灵活性的知识人群 • 适合没有明确目标的组织	• 有相对明确目标的组织
如何考核	• 事后对整体贡献做评估 • 自评＋环评＋上级评 • 要求上司对下属的工作过程非常了解，员工对自己有客观的认知（以成就为导向，而不是追求目标）	• 事前定目标，事中跟踪过程，事后评估 • 自评＋上级评＋邀评

OKR 的精髓是设置一个挑战性的目标，通常完成率在 50% ～ 70% 属于正常范围，如果完成率超过 80%，则表示目标过于保守。所以 OKR 是面向开创性业务而设置的，并不是为了 100% 完成，因此不适用于传统的绩效考核。绩效考核有正态分布，一共分为 8 级，只有达到 M 级的才能拿到年终奖。字节跳动通过 OKR 实现过程管理，每 2 个月设置一次，每半年做一次总结，一般会强调做了哪些贡献，进行自评，此外还使用 360° 进行评估。

字节跳动使用 OKR 方法有两个前提。第一，字节跳动并不是一个业务单一的企业，没有诸多的固有经验可以照搬和执行。字节跳动吸引了业界许多优秀的人才，包括来自谷歌和微软的顶尖技术人员，很多是成就型人才，追求的是挑战性目标。第二，字节跳动属于创业型企业，很多业务都是创新项目，没有办法设置一个清晰具体的目标。字节跳动的业务属性几乎都是面向 C 端客户（即个人消费者客户），即便是面向 B 端客户（即企业客户）的飞书也同样考虑了 C 端用户的使用体验。

表 7-2 展示了字节跳动的企业文化和绩效目标，我们一起来分析一下它们的制定细节与相互之间的关联性。

表 7-2　字节跳动企业的 OKR

企业文化	绩效目标
开放谦逊	与他人协同
务实敢为	自下而上设定目标
坦诚清晰	保持信息快速流动，互相透明
始终创业	不设边界，自主思考

第一，开放谦逊，与他人协同。OKR 的特点是协同，要求信息相互公开。字节跳动内部使用的沟通工具是飞书，飞书是一款互相透明的工作软件，类似于阿里巴巴的钉钉。内部的工作交流、技术进展都可以在飞书文档中看到，在飞书上也可以看到大部分高管、同事的OKR，员工也可以看到张一鸣的 OKR。如果一个人的 OKR 是需要协同完成的，就会在飞书中 @某部门的负责人，这样需要协同的人就会知道彼此的共同目标。

第二，务实敢为，自下而上设定目标。字节跳动在过去几年开发了众多成功的 C 端产品，而张一鸣和公司高层管理团队对于这些产品的精通熟知程度甚至能力，远远不如中基层员工。因此高层在业务决策上更需要中基层员工的智慧。在自下而上途径中，上级 OKR 不能单纯是下属 OKR 的汇总，上级应确保将团队最重要的工作事项列入自己的 OKR 中。

第三，坦诚清晰，保持信息快速流动，互相透明。我曾辅导字节跳动的 OKR 设置，也曾参观字节跳动在北京的几个办公室。它们的办公室很少有大规模的会议室，只有许多像透明电话亭的远程会议空间。其特点是能通过 OKR 了解的绝不见面解决，能通过线上解决的绝不使用电话交流，因此它们只做文档，很少做 PPT。

第四，始终创业，不设边界、自主思考。如何理解每个人像创业者一样工作？一般企业的新人入职，会有专门的人事主管告诉新人岗位职责是哪些，而在字节跳动，很多时候不是老板和上级告诉你目标是什么，要做哪些工作，而是自己打开飞书，结合岗位描述，弄清楚自己的工作。所以，在字节跳动很少会有自上而下的指挥情形。这就是自我驱动的体现。很多人会说，这样的员工不是很难管理吗？这就体现了字节跳动在招聘新人时与其他企业的区别，他们招聘的是有职业梦想的成年人。

尽管设定的目标通常比预期能够完成的更困难，但是企业在设定目标时应把握尺度。正如前文提到的冰山模型，企业在识别员工隐藏的个人特质方面充满挑战性，为了确保目标设定的准确度，三级目标一定要遵循科学、合理的原则。有些企业会走极端，眼看着其他企业业绩每年都翻番，如果自己这么保守、稳定地发展，一定落于人后，所以就给自己设定一个挑战线的目标，去年完成 1 亿元，今年要完成 3 亿元。但针对 3 亿元的目标又没有具体、可落地的路径，只是设定今年企业要挑战一下完成 3 亿元的目标。这个目标分解到员工层面就是每个人的目标加 2 倍——去年的目标是 100 万元，今年的目标是 300 万元。"明星"员工可能觉得可以达成，但是有 80% 的员工会这样想："给我定这样的目标，反正我也做不到，还是按照自己的节奏来吧。"这样反而变成没目标，然后大家都放弃了 3 亿元的目标，最后甚至可能连 1 亿元都无法完成。所以目标设定不要太追求高远，也不要太过于舒适，而是要分级设定。

符合 NASA 原则

NASA 原则，即有数字（number）、有分析（analysis）、有策略（strategy）、有行动（action）。目标不是拍脑袋定的，需要经过详细的分析，明确实现这个目标的策略。比如我们前面举的例子，去年完成 1 亿元，今年要完成 3 亿元，如果策略不足以支撑 3 亿元的目标，那就是拍脑袋想出来的目标，这样的目标不符合 NASA 原则。有行动计划，是指目标不是写在墙上的，不是在喊口号，一定是落在具体的行动计划上的。目标要落地，必须符合 NASA 原则。所以我建议企业管理者在定目标时一定要与员工深入沟通，把策略和行动计划写下来，而不要放到文档或电脑中存起来。目标要可视化，要把策略和行动目标张贴在工位上，这样员工每天都可以看到自己的行动计划。只有将行动计划都落实到位，目标自然就能实现。目标落地一定要落到行动计划上，变成工具表落实在视觉上。

通目标

管理者经常犯的一个错误是，以为设定好目标，员工就可以去落实。事实上，管理者忽略了与员工一起沟通确定目标的重要性。那么，目标定完后怎样沟通目标呢？图 7-4 展示了思考问题的"黄金圈法则"，即管理者在管理任务时要从为什么（why）、怎么做（how）和是什么（what）3 个角度思考。为什么每当苹果公司发布新产品后总是被果粉排队抢购？为什么乔布斯的演讲那么富有号召力？总结可以发现，乔布斯的演讲中大多数时间并不是在讲他的团队做了什么，而是在讲述为什么。我们可以从中得到启发，进行高效的目标沟通。

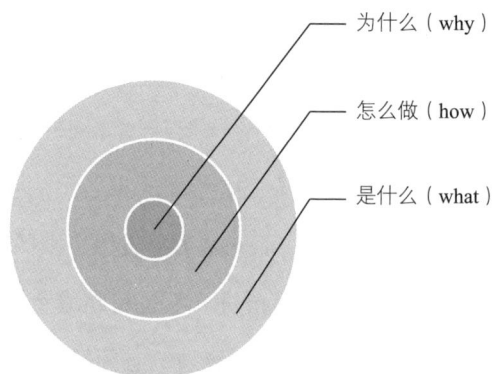

为什么（why）

怎么做（how）

是什么（what）

图 7-4　黄金圈法则

第一步是明确为什么要做。目标沟通的标准是一定要把"我想让他做的目标"变成"他自己想要做的目标"。管理者要找到实现这个目标对员工有哪些好处。

在企业管理中，非常值得借鉴的是军事战略。中国商业领域中把军事或军队思想灵活应用于企业管理的企业家代表是任正非。他热衷于研究军事思想和军队理论。在战争中输掉人心是要命的，在商业中输了人心最多也就是没有钱。一个是要命，一个是要钱，所以用军事思想来做企业管理就是降维打击，完全适用。

第二步是明确怎么做。目标沟通就是要找到员工的梦想，将企业的使命与员工的需求相结合。假设员工要在一个城市立足，那么在城市立足最根本的是什么？是不是应该有一套房，在这个城市成家立业才能立足，所以要买房。几年之内买房，要买多大的房子，分解下来一个月到底要赚多少钱，这不就是一个月要做多少业绩吗，不就是奋斗目标吗，怎么会是组织的目标呢？当然了，你实现了自己的个人目标，也就实现了组织的目标。

第三步是明确目标是什么。目标沟通中很重要的一项任务是，让员工接受并认可目标。管理者要先结合马斯洛需求理论了解员工的需求是什么。比如去年员工实现的业绩是 50 万元，今年要让员工达到 100 万元，这个目标是分配给员工的，与员工自己想做的区别很大。很多企业的目标都是强迫执行的，就是企业要员工达到制定的目标，让员工承担这个目标。这样做，员工根本不认可，到最后完不成时，他会觉得这个目标不是他定的，也从来没觉得自己能完成。

目标沟通中应注意一些小技巧，那就是管理者不要急着告诉员工，他的目标是什么，不要急着明确怎么做，而应该让员工自己想想为什么要做。如果员工想清楚了就意味着他启动了自己的梦想，然后去做当下的工作。

此外，目标沟通表不能只是枯燥的数字，一个完整的目标沟通表包括员工的梦想、分解目标、行动计划。一般情况下，企业在与员工进行目标沟通时也都是按照这个逻辑来的。表 7-3 是一个目标沟通表的范例。

表 7-3　目标沟通表范例

目标沟通表

姓名：_____　　　　时间：_____

个人梦想：_____

激励自己的一句话：_____

月目标：_____

周目标：_____

日目标：_____

策略：1._____；2._____；3._____

行动计划：1._____；2._____；3._____

完成时给自己的奖励：_____

没完成时给自己的惩罚：_____

　　　　　　　　　　　　　　　　　　　　　员工签字：

　　　　　　　　　　　　　　　　　　　　　主管签字：

阿里巴巴有一条企业文化是"今天最好的表现是明天最低的要求"，这实际上是要求员工不断地往上走，不能原地踏步。

阿里巴巴将员工的价值观纳入绩效考核，并且占到 50% 的比重。激励员工成为最好的自己。在很多大企业中，绩效考核并不是为了考核员工，而是促使员工成长。

2003 年，有一家第三方调查企业盖洛普（Gallup）为阿里巴巴企业做了员工敬业度 (employee engagement) 调查，调查结果是 75 分。这和全世界 500 强企业的敬业度指标持平。

后来，阿里巴巴提出了要成为全球员工敬业度最高的企业，且在最后实现了这一愿景。

晒目标

晒目标是业务战略落地的高效沟通工具，要确保业务目标和组织目标的通透。这里需要注意的是，"晒目标"是为了达成共识，在共识的基础上找资源、找协同，而不是做工作复盘。在行动之前，要与相关部门的负责人通气。

晒目标可以起到公平、客观的作用。对销售团队而言，通过晒目标就知道其他团队的目标是什么，我的目标是什么，自己的目标在团队中处于什么样的水平。对横向部门而言，产品部门、技术部门、市场部门，3个部门负责人的绩效目标都拿来晒，晒完以后就会发现，产品部门的目标权重设置得过低，产品部门无法支持市场部门，平行部门的满意度只占5%的权重，这样的目标设置给产品部门的感受是不被需要，落实层面是无法合作的，这时就可以提出反对意见，然后修改绩效目标，直至达成共识。

晒目标还可以起到激励员工的作用。关键是晒完绩效目标后，每位管理者的脑海中就会形成一个战略地图。有了战略地图，接下来每个部门的绩效目标就可以拼起来，这样就会有全局观，就可以打破部门本位主义，提高其他部门的协同水平。管理者就会理解他所做的工作是什么，他的难点是什么。跨部门之间的结合点是什么，市场部需要产品部协同的时候就能找到共赢点，这样就很容易达成共识，这个协同就不会有问题。所以说，目标沟通中很重要的是促进协同，凝心聚气。

企业设定的目标首先要让员工感到兴奋。阿里巴巴的使命是"让天下没有难做的生意"，这不是一句干巴巴、没有卖点的口号。阿里巴巴在园区的电视屏幕上通常会播放客户的采访视频，这表明这些客户是因阿里巴巴而获得成功的。

晒目标就是确保目标能够人人都知道，人人都理解，人人都相信，人人都支持。动员大会也是一种常见的晒目标方式，企业要经常组织这样的活动，因为这种形式可以培养战斗型组织。我们可以从破窗理论中得到启示：假设有一对夫妻正在吵架，而且吵得不可开交，突然有人砸坏了他们家的窗户。这时，这对夫妻不仅停止了争吵而且空前团结，一致对外。所以晒目标可以增强团队的凝聚力。

追踪目标执行的关键动作

当目标确定并达成共识后，接下来我们就要追踪目标执行的细节和过程，而不是坐等验收结果。目标执行不是对下属的监管，而是衡量成果、纠正偏差、协助团队完成目标。做管理并非一件轻松的事情，只有经历过追踪目标的过程才能掌握进度，发现问题，对员工进行引导。

追踪过程的关键动作

盯数据

盯数据主要包括 3 个方面。第一，应该分析整个团队数据的纵向变化。团队本月的业绩与上个月相比是提高了还是下降了？与去年的同期相比又如何？第二，应该分析团队数据的横向变化。团队与竞争对手相比，这个月的业绩是提高了还是下降了？市场份额是增加了还是减少了？这个是从全局来看数据。第三，还要继续深挖数据的差异点。继续对数据进行同比和环比，如果是下降就要知道到底是哪一个区域、哪一类人群或哪个产品的业绩数据在下降。这是要具体分析的。

最坏的情况就是一些管理者看到无论与自己同期、竞争对手还是与同行比较，业绩都不好，然后不淡定了，开始有情绪，把整个团队骂一遍"业绩怎么能做成这个样子，大家回去好好检讨一下"。有些人会觉得很无辜，为什么自己会挨骂？我的业绩和上个月比上升了，我的市场份额比同行高出很多，凭什么骂我？这时，管理者应该往下深挖数据，如果发现数据下降就要找到下降点在哪里，最后发现是西部市场和北方市场的业绩下降了。上海、浙江、广东等市场的业绩上升了很多，那是不是就不用看其他大区的数据了？很多人会说，终于找到问题了，然后召集业绩下降的这几个区域的负责人，批评他们，指出整体业绩不好就是他们的问题。这样做是行不通的，请不要重复做这件事情。哪几个区域的业绩在下降，下降在哪些人的指标上？是不是要把这几个人也都全部骂一次呢？那似乎也不对。

假设河北区域的业绩下降了，那么应该进一步剖析是哪一个团队、哪一类产品的业绩在下降。如果分析数据发现，主要是新客户的拓展不足，老客户维持得一直不错，那么问题就锁定在新客户层面，这时不要急于去找团队，还要继续往下深挖。最后发现，新客户少是受半年以内的新员工的业绩影响，新员工为什么会这么低？老员工好像没有这些问题。那么锁定是新员工的问题，这时就可以找区域负责人，问他："新员工的业绩下降得很厉害，你有没有分析具体问题及原因？"如果负责人有分析过，就是一个尽职的并且懂得追过程的负责人，他应该比你更清楚这个数据的主要问题出在哪里。他可能会说在跟踪过程中发现，新员工拜访客户时的技能不足，开发新客户的方法不对。所以接下来就要给他们组织培训。这样的效果就比把大家一起骂一顿要好很多，通过分析数据把问题最后锁定在只有河北区域入职半年以内的新员工上。

盯原因

了解问题后，就要调查原因。看到很多问题的时候，管理者不要第一时间急于解决问题，因为你看到的东西都不一定是问题的本质。"眼见为实"这句话是有问题的，眼见不一定就是事实，你看到的那个可能只是一个表象，应该去找本质，通过现象发现本质。一定要多问几个为什么，挖掘深层的根本原因。通过点对点解决问题的方式，你会发现解决现象的方法有 1000 种，但是找到本质的问题后，解决的方法可能就一两种，这样就能以小博大，用一个支点解决一类问题。很多管理者每天疲于奔命，一定要好好反思一下原因。针对现象解决现象，就是在解决一个问题点，这样永远会很忙碌，但是成效很低。最高效的做法是透过现象看本质，找到根本原因，再去改变行为。在上述案例中，经过对数据背后深层意义的挖掘，找到了团队问题的根本原因在于，没有对新员工进行技能培训，是员工的工作技能不足，而不是意愿不足，也不是激励不到位，是工作方法不成熟的问题。所以管理者采取的行为就是要为新员工安排技能培训。

盯行为

找到了问题的原因后就要采取措施改变行为。员工做不好一件事情通常会有两个因素：一是工作技能不够，即做不好是因为经验不足，未能掌握有效的方法；二是态度不行，学习意愿不强，不愿意做好，也不想做好。我们多次强调，数字化时代的管理者很重要的角色是赋能，帮助员工成为更好的自己。如果找到了根本原因是销售新人缺少工作方法，那么企业就要组织培训，对员工做方法上的辅导。如果是激励不到位，员工投入很多精力去拓展新客户，但是发现企业的激励措施其实很少，还不如轻松地维护老客户，他们就不愿意开发新客户。这时管理者就要想办法调动员工的工作积极性，要改变的是激励机制。

情境领导力模型

1968 年，保罗·赫塞（Paul Hersey）和肯·布兰佳（Ken Blanchard）提出了"情境领导力"理论，并在 1969 年将这个理论写入经典的《组织行为管理》（*Management of Organizational Behavior*）一书。

在 20 世纪 80 年代早期，肯·布兰佳和布兰佳公司的创始合伙人创建了一个改进版的情境领导力模型，并命名为布兰佳 SLII 领导力®，并以"以人为本，因材施教"作为精要，具体详细内容参见人民邮电出版社于 2020 年出版的《高境界领导力：如何打造赋能型团队（原书第 3 版）》。

在布兰佳 SLII 领导力®模型中，完整的情境管理模式将员工发展阶段和领导类型相结合，通常根据员工的不同发展阶段，体现 4 种基本的领导风格，分别为指令型（S1，低支持高指导）、教练型（S2，高支持高指导）、支持型（S3，高支持低指导）和授权型（S4，低支持低指导）。

该模型认为，随着员工的工作能力和工作意愿的不断提升，管理者可以减少对下属的控制行为。其中一点是，应依据员工的成熟度来区分不同特征，针对不同的员工应用不同的管理方法。

为了为 4 种发展水平适配恰当的领导风格，人们可以从诊断得出的某个发展水平开始向上垂直画线，与四象限模型中的领导力曲线相交，该发展水平适合的领导风格就是垂直线与曲线相交的象限所代表的领导风格（见图 7-5）。

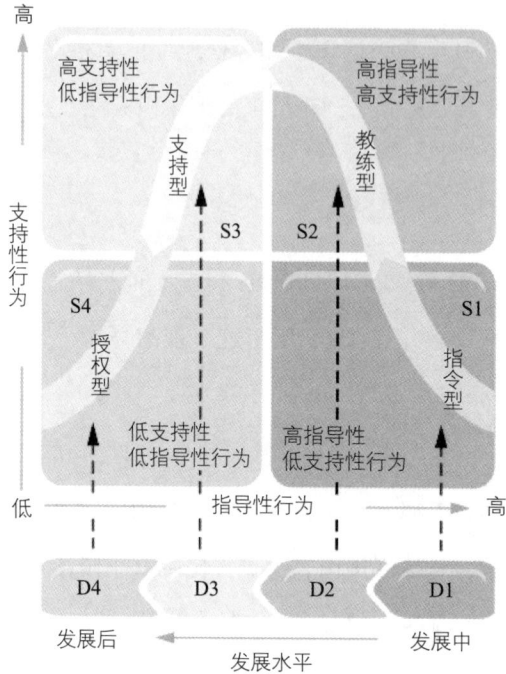

图 7-5　适配发展水平与领导风格

资料来源：《高境界领导力：如何打造赋能型团队（原书第 3 版）》，人民邮电出版社。

使用这种方法，我们可以得出：热情高涨的新手（D1）与指令型（S1）领导风格相对应；从理想到现实的学习者（D2）与教练型（S2）领导风格相对应；有能力但谨慎的执行者（D3）与支持型（S3）领导风格相对应；自力更生的成就者（D4）与授权型（S4）领导风格相对应（见图 7-6）。

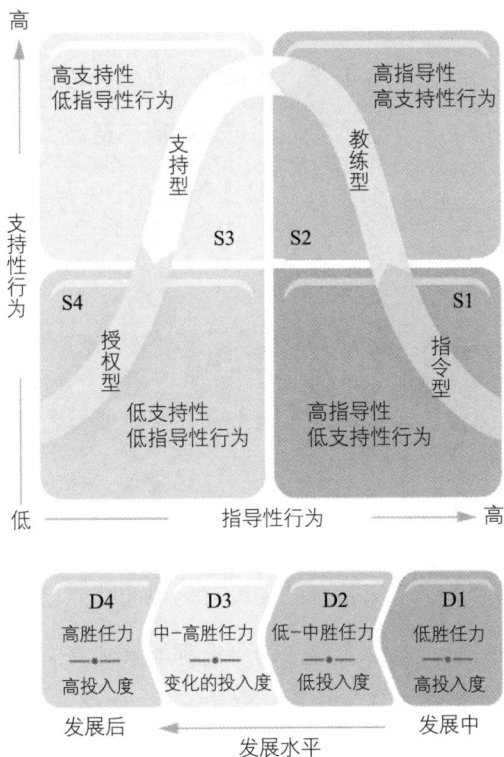

图 7-6　布兰佳 SLII 领导力® 模型

下面我们具体看一下处于不同阶段的员工的特点和需要的管理方法。

面对热情高涨的生手，需重视方法的指导

这一阶段，员工是热情高涨的生手，学习意愿很强，但是工作能力不足，比如刚到岗的新员工和刚晋升的主管。针对这类员工，企业应采取的管理方法是给他们提供方法指导，即我教你学。

面对从理想到现实的学习者，需双管齐下

这一阶段，员工因为技能不足，导致学习意愿有所下降，但相比新手，其工作技能已经有些许提升。这个阶段的员工离职率最高，特别是入职半年到一年的员工。针对这类员工，企业应该双管齐下，先要调动员工的学习积极性，同时要教导方法和技能。

面对能干但谨慎的执行者，需刺激热情

当员工在一个岗位已经工作 1 年以上，管理者通常就能知道这类员工的特点。这类员工通常为企业服务了 1 ~ 3 年，已经过了新人投入期，企业需要员工产出回报，采取措施防止人员流失。他们的学习意愿忽上忽下，因为他们发现身边有人已经晋升了，但是自己还没有。他的技能已经相对比较成熟，虽然还不能完全独当一面，但是大部分的事情都能够独立解决。这时，管理者要"低指导、高支持"，也就是说少一些方法上的指导，但是还会给他们需要的支持，及时提供反馈。

面对自力更生的成就者，需精准放权

这个阶段的员工已经可以独当一面，能够承担更大的责任，学习意愿也比较稳定，这一阶段的主要管理手段就是放权。所谓精准放权，就是针对员工所擅长的那部分事情给予足够的空间。自律性好的员工自然会做得很好，因此不用管理者"一天问进度，三天有汇报"，管控得那么严格。这个阶段，管理者与员工之间建立了充分的信任关系，管理者向下授权，给员工一个更有挑战性的工作任务，员工就会持续不断地感受到自己的变化和成长，否则就会觉得没有

成长空间，就会考虑换个平台发展。

总之，情境领导力反映的是"一把钥匙开一把锁"原理，管理者不能用一套方法管理所有人。前文提到，有些保姆型管理者很关注细节，对所有员工的行为和细节都盯得很紧。这种方法对于新人而言是可以接受的，因为新人非常需要管理者提供指导方法，但是针对第三类和第四类员工，这样的方法会将其管死，也就是在逼迫他们离开，因为他们会认为自己根本就没有自由空间，不被信任。授权型管理者会给下属自由决策的空间，但是这种管理方法相当于将第四类员工的管理方法应用在所有员工身上，那么第一类和第二类员工就会很难适应。所以管理者最大的不公平是对所有员工一视同仁。

管理下属的十六字方针

管理者在追踪目标执行的过程中要对员工进行辅导，因为有的人在执行过程中对目标不理解，有的人执行得慢，有的人遇到难题不知道如何调配支持资源。在目标执行过程中，管理者还要允许员工犯错误，接受不存在完美执行一项任务的现实。阿里巴巴在员工辅导中提出了一个很重要的方法——十六字方针。这是阿里巴巴中层管理者和基层管理者辅导下属最简单有效的方法，也是"阿里铁军"培养团队的法宝。

十六字方针在管理上是非常有效的，又称教练式陪伴。任何管理动作必须形成完整的闭环，在内部不停地传承与演化。十六字方针就是一个非常完整的员工辅导闭环。

第一，"我做你看"，即身先士卒，以身作则。遇到员工不会做的事情，管理者要先做示范给员工看。

　　第二，"我说你听"，即知其然也知其所以然。员工先看着做，做完以后，管理者再告诉员工做这件事的逻辑。

　　第三，"你做我看"，即检查教的结果。通过观察下属的操练，管理者判断下属的操作技能。

　　第四，"你说我听"，即教会对方学会向他人讲述逻辑。做完以后，管理者会让员工讲述今天这么做的逻辑，并在之后告诉员工还有哪些问题。

　　在执行上述方针时，管理者不仅要手把手地教会员工，还要拿到结果。因此，管理者在管理环节中要将每一个环节落实到位。

　　　假设员工第一次做项目经理，我会告诉他做项目经理的注意要点：首先设置好你的目标，然后处理好利益相关者，最后把方法讲述一遍。这里与其说100遍，都不如做给员工看一遍。还有人说："我一直是这么做的，我就是喜欢示范给员工看。"这里的"示范"有不同的理解。我发现有些人是这样做的，员工解决不了的问题和难题，他会第一个扑上去，这样看上去确实是示范给员工看了。但是做完以后，没有讲出做事的逻辑，只是他自己很有成就感，员工一脸感激。这样做的管理者不是在辅导，只是充当救火队员。这是保姆型管理者的作风，员工做不了的事都帮员工完成，仅仅停留在第一步，缺少了第二步。管理者还要告诉员工这件事情为什么我能解决而你解决不了，我是怎么解决的，以后碰到类似的情况，应该怎样去做。这样员工就会明白其中的逻辑，等到下次有这样的机会让员工做一遍，管理者在旁边观察和辅导，这才是完成了执行辅导的全部流程。

团队复盘和个人复盘

　　结果确定以后就要进行工作复盘。复盘的意义是帮助企业打造组织敏捷力，找到与目标的差距，知道产生差距的原因，然后制定改进策略，最后总结经验。拿到结果以后，首先要通过"361"考核体系对员工按照比例进行分层。"361"制度是阿里巴巴绩效考核评分（5分制）中优良差的占比："明星"员工占比30%，普通员工占比60%，需要改进员工或被淘汰的员工占比10%（见表7-4）。管理者首先要判断结果在团队中有无正态分布，即目前的结果能否区分出哪些员工属于30%的"明星"员工，哪些员工属于60%的中等员工，哪些员工属于10%的末位员工。通过前期的目标设定，最后评估结果应该是分层次的，而且可以看到哪些人是贡献最大的，哪些人是贡献少的，哪些是拖团队后腿的。如果考核的结果无法对此做出区分，就意味着无法论功行赏，因为大家的评级都差不多。第6章讲过，管理者最大的不公平就是对所有人一视同仁，最怕的结果就是大家都差不多，这样就无法有效地激励团队。

表 7-4　绩效 361 分布示例

绩效总评分	定　义	分　布
3.74+A	明星	30%
3.75+B	超出期望	
3.5+A	高潜	60%
3.5+B	满足期望	
3.25+B	需要改进	10%
3.25+C	不合格	

团队复盘

团队犯了错误就要接受教训。有教训就要有教育，教育不是说教出来的，而是在复盘中产生的。复盘就是对过去的事情做思维演练，这是非常好的一个工具。无论今天打了胜仗还是败仗，都值得认真总结。结果无法复制，成功也无法复制，所以才要复盘，分析过程和原因。假设某企业在投标中打了一场胜仗，这种成功事件要不要总结？第一层次一定要分析，到底是运气好还是因为真的是做对了哪几件事情。第二层次要分析，做得好到底是大家都做得好，还是只有一少部分人做得好且带动了整个团队的业绩，而其实团队里还有几个人的业绩是下降的。所以成功是需要总结的，如果不总结，就会变成偶然性事件。通过总结才可能变成一个可复制的成功，下次还会因为这个方法而获得排除客观因素的成功。

复盘还是一个促文化、育人才、做激励的过程，企业中常见的复盘是把人、事与文化割裂开，很多复盘从数据分析开始，关注数据差距，分析背后原因。团队复盘有 3 个层面，分别是事的复盘（业务复盘）、人的复盘、机制复盘。

事的复盘

事的复盘又称业务复盘。事的复盘主要用于分析业务完成之后，哪里的业务做好了，哪里的业务没有做好；哪个客户做好了，哪个客户没有做好；哪个市场没有做好，哪个市场做得好；并由此总结，以确认下次在相应市场上应该这么做。事的复盘是比较浅层次的。

人的复盘

古话说"因人成事"，真正的复盘不只是做业务的复盘，人的复盘也是非常重要的。在一个项目中，哪些人的贡献是最大的，因为某几个关键的动作起到了扭转局面的作用。这个人是谁？他在过程中有哪些是团队其他成员可以学习的，他在团队协作中的表现如何？有哪些人没有发挥好甚至都没有积极投入，为什么？如何避免以后发生类似的情况？除了对工作进行回顾，主管还应对成员的行为进行点评，还要同员工就行为的评价达成共识，明确新模板并列出行动计划。

在复盘会议中，由于每个人的参与度不同，还受到许多复杂微妙关系因素的影响，员工不断揣摩其他人意图，常常不敢表达自己真实的看法，导致少数人主导了整个会议。对人的复盘要鼓励说真话，彼此坦诚，主管要带头示范，以案例点评的形式进行评价。企业文化一定是为结果服务的，很多企业开复盘会议基本上是业务复盘和人员复盘，很少有单独把文化拿出来进行复盘。

让我们来看一个简单的案例。

某电商平台企业销售人员 A 拜访量低、业绩不佳，而销售人员 B 的客户拜访量高，成交率为 40%，续签率高达 70%。开会时，部门主管就以销售人员 B 的业绩为案例分析如此高的拜访量的原因，以及客户愿意续签的根本原因。

通过客户访谈，企业得知客户不愿意续签的原因是在该电商平台上的成交量低。而销售人员 B 的客户回答道："她帮助我学习如何使用电脑，如何收发邮件，即使成交量很低，我也愿意续签"，所以销售人员 B 赢得客户的关键在于落实了以客户第一的企业文化。我们从这个案例中可以看出，人与事、事与企业文化是相互融合的、不能分割的。

机制复盘

接下来要考虑一个很重要的复盘，是机制复盘。这场战役做得不好，仅仅是因为业务没做好吗？仅仅是因为这个人表现得不够好吗？可能未必如此。很多时候，影响成败的关键是机制。当时的流程设置是不是有问题？激励机制在执行过程中是不是出现了问题？我们前面讲到过，如果激励机制是只要达成这个业绩就能够拿到多少奖金，最后员工会发现推广新产品与推广老产品的激励机制是一样的，那么为什么还要去推广新产品？新产品需要一个培育的过程，所以大家都不去推广新产品，而是推广老产品，进而导致新产品做得不好。这不是他们的意愿问题，也不是人的问题，更不是产品的问题，而是机制设置的问题，这种情况下就要改变激励机制。

我们来看一个激励机制不断复盘的企业案例。

> 某企业计划今年扩大销售额，制定的销售激励的方法就是销售额达到 200 万元时获得激励 1，达到 400 万元时获得激励 2。销售人员都拼命地提高销售额，每天向企业要求市场投放，"应该给我这个市场，增加多少市场投入，没有投入，我怎么有收入？"然后天天向企业要折扣，要促销方案。由于企业没有考核成本和利润，最后企业复盘发现，这样的激励方法有问题，销售额是提高了，但是利润没多少，因为大家都没有关注成本。经过机制复盘后，做了一个机制层面的改变，就是要增加一个考核维度——同时考核利润和销售额。这时销售人员就会发现除了要提高销售额，还要计算成本，如何用最少的钱获得最高的收入。只有这样，企业的运营情况才会有所好转。

运行一段时间再复盘时发现，新的问题出现了。开拓新市场时，大家都不愿意去做，因为新市场的利润率很低，开拓新市场往往前期需要投入很多人力和资源，投入成本高，利润低。企业经过复盘后决定改变设定目标的机制。比如在一个高速发展的市场，销售人员完成100万元的销售额能拿到10%的绩效提成；但是在一个新市场，销售人员只要完成50万元的销售额就可以拿到20%的绩效提成。企业根据不同的市场区域把目标分级，区别设置。最后企业发现，在这个机制下，销售人员寻找新市场的积极性提高了，因为给新市场设定的目标下降了很多，而且评估下来发现，原有市场的目标更容易达成，而新市场的目标相对难达成，因此企业要鼓励销售人员开拓新市场。这个机制再一次解决了问题，所以机制复盘很重要。

复盘会议的主持人非常重要。主持人一般是业务部门主管或者人力资源部门主管，他们通常会引导大家，首先开始做业务层面的复盘，这时大家只是讲业务方面哪些做得好，哪些有待改进。大家集中精力只谈业务方面的问题，这样的复盘不仅主题聚焦，而且非常高效。其次，达成共识，指出改进点，哪几点做得不错就要继续保持。接下来进行人的复盘，聚焦到人的层面。最后聚焦在机制层面。

流程设置有没有可能影响业绩结果？团队在复盘时发现，上个月的业绩只差30万元就可以完成，原因是有两笔订单的款项未到账，而没有到账的原因竟然是发票晚开出了一天，而晚开出的原因是此前开的发票有误被客户退回要求重新开具，寄送票据也花费了几天的时间，最后等客户打款到账已经是下个月初。主持人告诉大家，在这个问题中财务流程有可以优化的空间，但是在财务流程优化之前大家需要改进自己的工作方式。

　　每一次复盘都很有层次，这样循序渐进的层次复盘不仅可以改进大家结构化的思维方式，还可以帮助团队高效地完成复盘工作。

个人复盘

　　团队复盘都是针对一些整体性的问题，团队复盘后还要做个人复盘。个人复盘是对每一个人做复盘，是在人与人之间做出反馈，真诚地提出意见，这是帮助员工成长最有效的一种方式。这部分其实有一定难度，因为个人复盘与团队文化密切相关。

　　我们可以参考奈飞或字节跳动的方法。奈飞提倡坦诚文化，"永远保持坦诚，身为领导者，不能让你的下属对你的决策感到不解和诧异"。奈飞的三步做法是：第一，我希望你保持什么（go on）；第二，我希望你停止做什么（stop）；第三，我希望你开始做什么（start）。

　　每一场仗打下来，每一个人都应该首先总结一下自己在这一场战役中做了哪些事？在哪些方面有所成长，收获了什么？哪些方面是你觉得自己做得不到位的，有待于提升的？计划完成得怎么样？导致这个差距的原因是什么？为团队做出了哪些贡献？这些都应该鼓励员工对自己的工作进行复盘总结，然后进行工作述职。述职相当于上司给员工"照镜子、揪头发"，通过反馈问题让员工成长。做得好的，就应该给员工一个正向的反馈；做得不好的，希望下次有改进的，就让员工准备去改进。最后，每次做完个人复盘都会有一个记录表，记录下这名员工可圈可点的优势是什么，不足是什么？准备如何改进？要跟进哪些方面？这样对员工的培养是有系统性和延续性的。

阿里巴巴一直在执行个人复盘。以绩效沟通为例，需要记录员工姓名、沟通时间，分析优势与不足，并对其职业路径、主管期望、改进内容、改进措施等进行考量。

个人复盘对我的影响非常大，我在阿里巴巴能够快速成长也受益于复盘的好习惯。面对复盘，我既害怕又期待。一方面，我害怕复盘时领导会提出我想不到的问题，发现我的管理盲区，然后给我分配一些具有挑战性的任务。另一方面，我期待每一次做完复盘都能发现自己有很多可以改进的地方，并从中找到新的成长点。我不会因为现在的成绩而沾沾自喜，而是会看到自己有很大的成长空间。

在商业场景中，组织管理者的重要作用是培养"明星"员工，培养员工足够强大到被挖墙脚。我曾经与总裁班的老板聊天，他所负责企业的人员流动率很高，老板对于培养员工有些纠结："员工流动率这么高，我有必要花钱让他们参加管理培训吗？"

事实上，没有员工能够陪伴一家企业走完一辈子。阿里巴巴的工号已经排了30多万个，但是在职员工约有15万人，这意味着阿里巴巴有十几万的离职员工。如果这些员工都对阿里巴巴心存不满，那么这家市值千亿的企业的口碑将会变得很差，但事实证明并非如此。阿里巴巴是如何经营员工的呢？在第4章中，我们介绍了"阿里日"。阿里巴巴也会邀请离职员工返回阿里巴巴园区欢度节日，这些离职员工有一个组织叫作"前橙会"。虽然大家都已离开阿里巴巴，但通过"前橙会"，所有阿里人的心都凝聚在一起。

　　最后我们再回顾下"拿结果"的三步法：定目标、追过程、拿结果。在拿结果的过程中，你的企业是不是做到位了？"拿结果"是很务实的一件事，但这么实在的事情也可以虚着做，要"视人为人"，要通过十六字方针做员工辅导，要运用情境管理激发员工，这就是把实事虚着做。通过这个结果，"借事修人"就是把虚事实着做。

本节刷新管理金句：

1 　如果不做复盘，你的团队可能是犯了错误，买了教训，但是没有得到教育。

2 　目标不是写在墙上的，不是喊口号，一定是落在具体的行动计划上。

3 　一把钥匙开一把锁，不能用一套方法管理所有的人。

4 　说100遍，都不如示范一遍，这是培养人最快的方式。

参考文献

［1］杨国安.数智革新：中国企业的转型升级 [M].北京：中信出版集团，2021.

［2］萨提亚·纳德拉.刷新：重新发现商业与未来 [M].陈召强，杨洋，译.北京：中信出版社，2018.

［3］陈威如，王诗一.平台转型：企业再创巅峰的自我革命 [M].北京：中信出版社，2016.

［4］马克斯·韦伯.社会科学方法论 [M].韩水法，莫茜，译.北京：商务印书馆，2013.

［5］斯蒂芬·P.罗宾斯，玛丽·库尔特.管理学（第 13 版）[M].刘刚，等译.北京：中国人民大学出版社，2017.

［6］埃德加·沙因.组织文化与领导力 [M].马红宇，王斌，译.中国人民大学出版社，2011.

［7］黄卫伟，等.以客户为中心：华为公司业务管理纲要 [M].北京：中信出版社，2016.

［8］杨国安.组织能力的杨三角：企业持续成功的秘诀 [M].北京：机械工业出版社，2015.

［9］杨国安，戴维·尤里奇.组织革新：构建市场化生态组织的路线图 [M].北京：中信出版社，2019.

［10］何佳讯.品牌的逻辑 [M].北京：机械工业出版社，2017.

［11］罗伯特·卡普兰，戴维·诺顿.组织协同：运用平衡计分卡创造企业合力 [M].刘俊勇，译.北京：中国人民大学出版社，2021.

［12］肯·布兰佳.高境界领导力：如何打造赋能型团队 [M].慕兰，钱啸程，译.北京：人民邮电出版社，2020.

后 记

非常感谢您选择阅读此书，能为诸位在寻找数字时代的组织管理略尽绵力，我深感荣幸。

这本书的相关线上视频课已经畅销多年，帮助过全球数百万人，只因讲解的逻辑和方法均关注人这一主体，在管理实践中被证明是有效的、永不过时的。学习过线上视频课的粉丝，为了能够留下反复学习的资料，将我的视频课做成逐字稿。我被这些认真学习的粉丝感动，同时也在思考如何让所有关注我、学习我的管理方法的粉丝获得一本系统落地方法论的图书。

这是我写作本书的初心。我希望能写一本区别于市场上其他管理理论的管理类图书，关注真实场景中的管理。

组织是企业通往成功的梯子。我从事组织管理相关工作超过15年，从业务到人事，从一线员工到中层管理，再到高层管理，乃至最后自己创业从事企业咨询。我深知在达成企业经营成果的过程中，存在一些基本要素。我坚信，掌握优秀领导者的思维和方法，是团队取得成功最紧要、最优先的条件。

正如书中所言，传统管理思维已经不适用于数字化时代，人们的思维就像电脑的软件，驱使人们做出这样做或不那样做的决定。与电脑软件相同，假如不加以迭代更新，人的思维很容易在早年就被固化，管理者的管理思想也容易在做管理几年之后就被固化。因此，我们要从这个影响我们结果的要素——思维入手，进行 7 个纬度的升级，并在此基础上探讨人性的底层逻辑和组织管理方法论。

团队没有凝聚力、员工没有执行力、公司小山头林立、跨部门协同困难，诸如此类问题都不是一个点的问题，而是系统问题，希望你能在本书中看到根本原因，并找到解题方法。

管理是管事理人，是用一套体系和机制解决问题并基于此不断研究人、顺应人、完善人的活动。比如，用分配来解决自私（书中写到未来的组织架构、职级要求），用考核来解决懒惰（书中讲到绩效和价值观的人才分类），用晋升来解决虚荣（书中写到的职级体系和晋升流程），用激励来解决驱动力（书中提到激励的 3 个层面）。

这是一个需求快速变化、管理快速刷新的年代，全球一体化是世界的发展趋势，向上向好是必然的潮流。即便我们正经历某些困难，恐惧也在这个过程中主动或被动地被注入。成败与否，犹如一面镜子，照见的是企业及管理者的组织管理能力。翻看历史的画卷，依靠坚韧、坚强、坚持，逆风成长、将一手烂牌打好的人自古有之。

现代管理学之父彼得·德鲁克（Peter Drucker）将组织的目的定义为"让平凡人做不平凡的事"，我相信，任何人都能获得组织成功，从而获得财务成功，只要你开始学习。全网几百万粉丝的好评和成长给了我这样的鼓励和信心。如果你还在艰难地做管理，满身疲惫，那么，翻开此书将是你正确的开始。

祝你前程似锦，享受此书。